# 역병, 전쟁,
## 위기의 세계사

위기는 어떻게 역사에 변혁을 가져왔는가

# 역병, 전쟁, 위기의 세계사

차용구 지음

뉴 그레이트 게임 시대, 위기의 역사를 들여다볼 때다

키프리아누스 역병부터 러시아-우크라이나 전쟁까지

# 위기의 시대, 역사에서 길을 찾다

오래전부터 역병 · 전쟁 · 기근은 죽음과 함께 오는 재앙으로 묘사되었다. 지구촌 전체가 바이러스의 공격을 받은 코로나-19의 충격에서 벗어나기도 전에 러시아-우크라이나 전쟁과 중동 전쟁이 연이어 일어났다. 대량 학살, 난민, 기아가 연쇄적으로 발생하면서 묵시록적 세계가 재현되는 듯하다. 암울한 시대의 다양한 위기가 상호작용하는 복합 위기에 대한 생각을 정리했다.

위기는 시기와 지역을 막론하고 역사적으로 늘 있었다. 19세기 스위스의 문화사학자 야콥 부르크하르트는 시대의 갱신과 발전을 위해 '위기의 필요성'을 역설한 바 있다. 위기를 피할 수 없다면 적극적인 자세로 받아들이고 대응하라는 말인 듯싶다. 위기를 예방하거나 대처 및 복구로 피해를 최소화하려면 역사적 맥락에서 위기와 위기 관리를 조망할 필요가 있다.

근대화와 산업화는 환경 위기를 촉발한 원인으로 여겨진다. 하지만 역사적으로 기후와 환경 문제는 잊을 만하면 찾아오곤 했다. 인류는 걷잡을 수 없는 혼란에도 불구하고 환경 위기에 대한 대응력을 강화했다.

서기 2~3세기 감염병 위기 시대에 신흥 종교였던 그리스도교의 위기 대응 자세와 능력, 서양 중세 후기의 흑사병 위기 속에서도 빛난 종교 개혁가 마르틴 루터, 소빙기 시대에 일어난 자연재해와 같은 외생적 충격에 대한 사회적 복원력, 냉전 시대에 서독과 동독의 환경 갈등과 극복 노력, 월경성 연무(transboundary haze) 문제 해결을 위한 싱가포르와 인도네시아의 대화와 협력 모색, 체르노빌과 후쿠시마 핵 참사에 대한 국가 간의 상이한 대응책 등 환경 위기 극복을 위한 사례들을 역사적으로 고찰하는 건 위기 시대를 사는 우리에게 교훈을 줄 수 있으리라 생각한다.

코로나-19 팬데믹과 더불어 러시아-우크라이나, 이스라엘-팔레스타인 전쟁은 글로벌 위기를 가중시켰다. 불확실성 시대를 맞아 현명한 정책적 판단이 더욱 중요해졌다.

이처럼 준엄한 상황임에도 불구하고 진중하지 못한 정치가들의 행태는 국민에게 불안감을 안겨 주고 있다. 세계 곳곳에서 국가 최고 통치자들의 무책임한 막말과 역사 인식의 부재로 정치는 더욱 혼란에 빠져들었다.

역사에 대한 무지와 왜곡은 이스라엘과 팔레스타인의 관계를 그리스도교와 이슬람 간의 문명 충돌로 이해하는 어리석음을 자초하기도 했다. 심지어 정치가들은 정치적 목적을 위해 아픔과 희망이 공존했던 역사를 의도적으로 왜곡하려 들었다.

국내에서도 정치 위기는 생존의 차원으로까지 비약했다. 중앙정부와 지방정부 간의 심각한 행정 갈등은 남한과 북한의 접경 지역에서 정세의 불안정을 초래했고, 군사적 긴장 고조로 고통받는 접경 지역은 여전히 수도의 주변부로서 남북 문제에선 주체가 아닌 객체로 머문다.

현재의 복합적 위기에 대해 세계의 역사는 많은 사실을 전한다. 이웃 국가 간의 적의와 증오 감정은 초경계적 상호 교섭과 연대의 역사적 경험 공유 그리고 미래 지향적인 화해와 치유에 무게를 두는 '회복적' 접근으로 해결할 수 있다.

서양 최초의 고등 교육 기관이라 할 수 있는 중세의 대학이 사회적으로 혁신 성장의 허브 역할을 했듯 지금의 대학들도 인구·평화·환경 위기 극복에 필요한 새로운 방안을 모색해야 한다.

불행한 역사의 반복을 막으려면 위기를 대하는 개인의 인식을 전환하고 일상에서 소소한 이타적 행동을 반복하면서 선한 행동을 실천하고자 노력해야 한다.

인간이 유한한 존재임을 망각하고 삶에만 집착한다면 오히려 삶의 진정한 의미를 헤아릴 수 없다. 그래서 피할 수 없는, 내 죽음에 대한 성찰은 유한한 시간을 나누면서 더불어 사는 사람들의 몸과 마음의 상처를 치유하는 계기가 될 수 있다.

개인·사회·국가 간 각자도생의 생존 논리가 앞서는 불확실성의 시대를 맞아 죽음에의 고민과 성찰은 우리의 인식과 태도를 재정립하는 계기가 될 수 있으리라 생각한다.

그 외에도 환경과 정치 위기가 국경을 넘는 대량 이주와 어떤 관계가 있는지, 그리고 이주가 어떤 역사적 의미를 갖는지 찾으려 한다. 의회민주주의 역사를 고찰하며 대통령과 의회가 대화와 협력으로 국정 위기를 극복한 역사적 사례를 살펴봤으면 한다.

최근 북한과 러시아가 군사동맹에 준하는 조약을 체결하고 북한군의 러시아–우크라이나 전쟁 개입이 현실화되면서 한반도는 신냉전의 최전방으로 변했다. 몽유병자처럼 자신도 모르는 사이에 동맹국 간의 '연루' 때문에 전쟁에 휘말려 들어갔던 제1차 세계대전의 악몽이 되살아나는 듯하다.

영국의 리즈대학에서 개최하는 중세사 학술대회(Leeds International Medieval Congress)는 매년 새로운 주제로 꾸며진다. 2024년의 대주제는 '위기'다. 위기가 국제적인 학술대회의 관심사가 되었다는 사실은 그만큼 학술적 논의의 필요성이 인정되고 있다는 걸 의미한다.

본서는 필자가 지난 3년간 팬데믹과 전쟁을 목도하면서 연대기를 작성하듯 언론에 게재한 글들을 중심으로 다시 쓴 것이다. 그런 의미에서 이 책의 집필은 현시대의 위기를 진단하면서 삶의 길을 찾으려는 시도에서 시작되었다.

책의 출간을 제안해준 믹스커피 김형욱 편집장님께 감사의 말을 전한다. 이번에도 까다로운 독자 역할을 자처하고 부족한 글을 읽어준 아내 김미숙 박사께 고맙다는 말을 전하고 싶다.


2024년 11월

차용구

[ 목차 ]

**들어가며**
위기의 시대, 역사에서 길을 찾다                                    004


# 1부 환경 위기 속에서 돌파구를 찾은 역사


위기를 기회로 만든 역사 속 팬데믹 대처법                         016

루터를 개혁으로 이끈 전방위적 위기 의식                         026

위기의 장벽에서 협력과 공생의 교량으로                           035

국경을 넘나드는 재난에 필요한 역사 인식                          044

초국경적 환경오염 피해 방지를 위해서                             053

핵 재앙 위기가 주는 역사적 교훈 앞에서                           060

변곡선을 그린 기후 위기 역사에서 배울 것들                       070

# 2부 정치 위기 속에서 길을 찾은 역사

## 1장 우크라이나 문제의 기원

격변기의 동유럽, 두 지도자의 다른 길    084

가변적 상황에서 다잡아야 할 다중적 정체성    093

동일한 아픔의 역사를 반복하지 않으려면    104

신냉전 위기로 치닫는 접경 도시    113

전쟁의 기억으로 정립한 역사의 새로운 이면    126

눈을 뜨고도 현실을 보지 못하는 동맹의 딜레마    135


## 2장 평화 공존의 기억

'팍스 아메리카나'의 검은 그림자 안에서    146

다양한 종교가 평화적으로 공존했던 역사로    156

중동의 비극을 초래한 서구 열강의 원죄    166

DMZ 국경 위기를 해결하기 위해 해야 할 일    176

신뢰감이 담보되어야 할 정치가의 제스처    185

# 3부 위기를 기회로 만든 성찰과 교류의 역사

폴란드와 독일의 용서, 화해가 주는 교훈     196

'대립하는 것은 상호보완적이다'라는 말의 의미     205

나쁜 역사의 재현을 막는 건 소소한 반복     215

죽음을 삶의 일원으로 받아들여야 할 때     225

자발적인 지적 망명을 떠나야 하는 이유     234

호모미그란스가 타지에서 받아야 할 환대의 권리     244

위기와 변혁의 시대에 탄생한 '대학'의 의미     253

신민 대표 기구 '의회'의 탄생부터 발전까지     262

지금 우리에게 유토피아적 상상력이 필요한 이유     272


나가며
각자도생의 위기를 공동선의 기회로     282

1부

환경 위기 속에서
돌파구를 찾은 역사

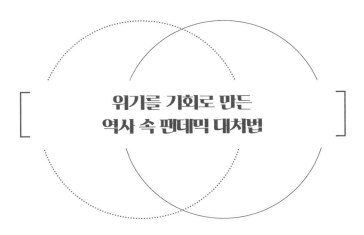

## 위기를 기회로 만든 역사 속 팬데믹 대처법

마르쿠스 아우렐리우스 안토니누스는 로마제국의 황제이자 철학
자로서 어떻게 해야 훌륭한 통치자가 될지 성찰하는 『명상록』을 펴
내기도 했다.

하지만 이 철인황제(哲人皇帝)도 후대에 그의 이름을 따서 '안토니
누스 역병'으로 불린 감염병으로 재임 기간 내내 어려움을 겪었다.
안토니누스와 공동 황제였던 루키우스 베루스가 전염병 주의보를
내렸는데 안토니누스 역병 기간에 사망하고 말았다.

쥘 엘리 들로네의 1869년 작품 〈로마의 역병〉. 그림은 165~180년 '안토니누스 역병'으로 불린 천연두가 횡행한 시기 로마 캄피돌리오 광장의 모습을 담고 있다. 로마의 역병은 분노한 신의 응징으로 해석되어 천사의 지시를 받은 역병이 죄인의 집을 덮치는 모습으로 묘사되었다.

당시 로마제국은 '팍스 로마나', 즉 평화와 번영의 시기를 구가했지만 서기 165년부터 20여 년간 계속된 질병으로 서서히 위기에 빠져들었다. 천연두로 알려진 이 감염병, 안토니누스 역병이 빠르게 확산되면서 인구의 20~30%가 사망하자 당대 세계 최강대국이었던 로마제국은 사회적 혼란이 가중되면서 국력도 약해졌다.

## 감염병을 대하는 이타적 태도

로마제국은 3세기 중반에 '키프리아누스 역병'이 번지면서 다시금 큰 혼란을 겪었다. 도로에 버려진 시신이 먼지처럼 취급될 정도로 감염된 사람들은 속수무책으로 방치되었다. 부모가 자식을 버리고 자식이 늙은 부모를 방치하면서 거리에서 감염자가 굶어 죽었고 감염된 시신 또한 넘쳐났다.

무엇보다 나라도 살아야겠다는 이기적이고 무책임한 행위가 당연하게 여겨지다시피 했다. '가급적 빨리 그리고 멀리 도망가서 되도록 늦게 돌아오는 것'이 유일한 대안이었던 시절에 도망치지도 못하고 하루 벌어 하루 먹고사는 대다수에게 감염병은 가혹한 형벌과 같았다.

하지만 감염병을 대하는 그리스도인의 모습은 동시대 로마인들의 이기적 태도와는 정반대였다. 교회를 이끄는 지도자인 주교 키프리아누스는 신자들에게 병에 걸린 이웃들을 외면하지 말고 적극적으로 돌보라고 권했다. 부유한 신자들은 기금을 출연하고 가난한 자들은 봉사를 하도록 했다.

공동체에 대한 신자들의 사회적 책무를 강조하면서 신자와 비(非)신자 구분 없이 모든 취약 계층을 도와주고 치료하도록 고무했다. 심지어 그리스도교를 박해하고 살해했던 사람들도 도와줬다. "너희

원수를 사랑하며 너희를 박해하는 자를 위해 기도하라"는 계명을 준수하며 모든 인간에 인자(仁慈)를 실천한 것이다.

키프리아누스는 감염된 자들을 돌보는 건 죽음을 두려워하지 않는 훈련이라고 강조하면서 "악을 선으로 이기고, 관용을 베풀고, 원수를 사랑하고, 핍박하는 자의 구원을 위해 기도하라"고 가르쳤다. 위기 상황일수록 지도자의 통치 철학과 리더십이 중요하다는 걸 절실하게 깨닫게 하는 대목이다.

그리스도교 신자들은 죽음을 두려워하지 않고 오히려 순교를 갈구하면서 환자들에게 음식물을 주고 보살폈다. 그러다가 감염되기도 했지만 자발적 순교로 받아들였다. 그래서 당시 그리스도인들은 감염 위험을 무릅쓰고 환자를 돌보는 자를 뜻하는 '파라볼라노이(παραβολάνοι)'라는 영광스러운 칭호를 얻었다.

끊임없는 자선과 선행은 부자와 빈자 사이에 공동체적 연대를 불러왔다. 교회의 지속적이고 조직적인 빈민 구호 활동은 박해받던 종교를 새롭게 인식하는 계기가 되었고, 결국 위기를 기회로 만들었다. 자기희생 정신이 자기중심적인 로마인들에게 깊은 감동을 준 것이다. 질병 치료에 앞장서며 살신성인의 순교 정신을 실천한 그리스도인들의 이타적 행동은 재난 상황에서 더 많은 감동과 공감을 불러일으켰다.

'안토니누스 역병'과 '키프리아누스 역병'이 발병한 시기에 그리

자크 루이 다비드의 1781년 작품 〈적선받는 벨리사리우스〉. 6세기 반달족 등을 무
찌른 동로마제국 장군이었으나 유스티니아누스 1세에 의해 눈이 먼 벨리사리우
스가 동냥하고 있는 모습을 그렸다. 그가 전쟁터에 활약하던 시기인 541~542년
'유스티니아누스 역병'이라 불린 페스트가 동로마제국을 덮쳤다.


스도교 신자의 수는 4만 명에서 600만 명으로 급증했다. 교회 규모
가 150배 늘어난 것이다. 로마제국 인구가 전반적으로 줄어들고 전
염병이 유행하던 때 희생양을 찾고자 그리스도교 신자들을 박해했
다는 사실을 고려하면 비약적인 성장이다.

교회 지도자들의 솔선수범, 공동체의 끈끈한 유대감, 비신자들과
함께 살아가는 사회에 대한 고민, 신학적으로 뒷받침하는 교리가 있
었기에 가능한 일이었다.

위기를 기회로 만든 이러한 성공 사례는 우리 국가와 사회 조직에 시사하는 바가 크다. 필사즉생(必死卽生), 즉 대의를 위해 자신을 기꺼이 희생할 준비가 되어 있으면 오히려 살 수 있다는 말이 있지 않은가.

## 중세 유럽을 강타한 최악의 재앙

14세기 중반 유럽 사회에는 '흑사병'이라는 뜻밖의 전염병이 널리 유행했다. 불과 6년 만에 인구의 1/3에서 1/2 정도가 사망한 엄청난 재앙이었다.

격리를 뜻하는 영어 '쿼런틴'(quarantine)은 '40일'을 의미하는 이탈리아어 'quaranta giorni'에서 유래했다. 흑사병이 유럽을 휩쓸 때 항구로 들어오는 배의 선원들을 지정 장소에서 40일 동안 격리한 데서 비롯했다.

도시 간 왕래와 모임 금지, 공중위생과 환경 개선 조치를 취했지만 별다른 효과를 보지 못했다. 주거지에서 멀리 떨어진 곳에 구덩이를 깊게 파고 시신을 매장하는 것 외에 할 수 있는 일이 아무것도 없었다.

그나마 부유한 자들은 비축한 음식물로 격리 생활을 할 수 있었고 인근 교외로 피신할 수도 있었다. 하지만 가난한 자들은 생계를 위해 거주지 인근에 머물러야 했기에 전염병에 집중적으로 희생되었다. 결국 흑사병은 생활 환경이 열악한 '방역 사각지대'인 빈민 지역에서 발생한 것이다.

고위 성직자들은 무단으로 근무지를 벗어나 교구 외곽의 안전한 곳에 머물렀다. 지도층은 자기희생이라는 결단을 내리지 않았을뿐더러 위기를 극복할 지혜도 부족했고 장기적인 안목도 갖추지 못했다. 무능한 지도부에 대한 신뢰가 무너지자 불안한 시민들은 허위 정보, 음모론에 의존하고 상식에서 벗어나는 언행을 일삼았다.

패닉에 빠진 사람들은 유대인들이 우물에 독을 타 사람들을 죽이려 한다는 거짓 소문을 퍼뜨렸고, 평소 유대인에게 좋지 않은 감정을 갖고 있던 사람들은 이를 빌미로 유대인을 잔인하게 학살했다. 1348년에서 1351년 사이에 유대인이 많이 거주하던 오늘날 중부 유럽 지역에서만 400여 개가 넘는 도시와 마을에서 유대인이 죽임을 당했다.

1923년 일본의 관동대지진 당시에도 '조선인이 일본인들이 마시는 우물에 독을 탔다'라는 유언비어가 나돌았다. 그 소문을 믿은 일본인들이 수많은 조선인을 학살한 뼈아픈 기억이 새삼 떠오른다. 전염병이 발생하면 거짓 소문, 정치 프로파간다, 부정확한 정보가 반복적으로 떠돌아다니는 건 예나 지금이나 마찬가지다.

프란시스코 고야가 1812년에서 1814년 사이에 그린 것으로 추정되는 〈채찍질 고행단의 행렬〉. 14세기 유럽에서 페스트가 유행할 당시 인간의 무지와 광신, 교회의 타락을 비판하기 위해 그린 연작 중 하나다.

하지만 공동체 내부의 긴장과 불만을 해소한다는 명목으로 힘없는 약자에게 행하는 차별과 폭력으로는 문제를 해결할 수 없자 문제의 원인을 외부가 아니라 내부에서 찾으려는 이들이 생겨났다.

흑사병을 신이 인간의 죄를 징벌하는 거라고 보고 진정한 참회를 해야 한다며 스스로 몸에 채찍질을 하는 이른바 '채찍질 고행단'이 등장했다.

비과학적으로 보일 수도 있으나 이웃을 대신해 모든 걸 내 탓(mea culpa)으로 돌리는 자발적 고행은 많은 사람에게 감명을 줬다. 고통 분담을 외면하지 않고 솔선수범해 사회적 책임을 온몸으로 떠맡았기 때문이다. 감염병 때문에 두려움에 사로잡힌 사람들은 살을 파고 드는 채찍 소리에서 잠시나마 위안을 얻었다.

감염병 위기 상황에서 사회 지도부가 우왕좌왕하는 모습은 조직의 무능함과 모순을 드러내고 개혁의 필요성을 부각하는 요인으로 작용했다. 흑사병에 제대로 대처하지 못한 교회의 영향력은 약해지고 위신도 크게 떨어졌다.

## 역사는 거짓말을 하지 않는다

특정 종교 단체의 사례지만, 고대의 역병과 중세의 흑사병이 불러온 서로 다른 위기 대응 양상은 시사하는 바가 크다.

첫째, 위기 상황에서 사회의 흥망성쇠는 지도자의 올바른 상황 인식 능력에 달렸다. 둘째, 지도부는 문제의 근원을 신속하게 파악하고 합리적이고 효율적으로 의사결정을 해야 한다. 셋째, 위기를 이겨 내려면 신뢰를 얻어야 한다.

국민이 정부를 신뢰하고 따를 때 국민적 공감대가 형성된다. 팬데믹의 한복판에서 가짜뉴스를 만들거나 약자를 혐오하고 차별하는 사회는 국제적 신뢰를 잃을 것이다.

초대 교회의 그리스도교인들이 자신들을 핍박했던 원수에게조차

자비를 베풀었기에 감염병이 돌 때마다 개종자 수가 늘어났다는 걸 기억하자. 위기 상황에서 진정성이 신뢰라는 자본을 쌓은 덕분이다.

마지막으로, 이타주의는 감염병 위기를 헤쳐나가는 주요 대처 방안이다. 프랑스의 세계적 석학 자크 아탈리도 "타인의 불행은 내게 재앙이 된다"라고 말했다. 타인을 배려하는 게 내 이익을 극대화할 수 있다는 말이다. 그래서 아탈리는 이타주의를 앞세운 국가와 국민만이 팬데믹을 극복하고 살아남을 수 있다고 예측했다. 역사는 타인의 고통에 공감해야만 세상을 변화시킬 수 있다는 걸 보여준다. 위기 시대일수록 감동과 공감이 필요한 이유다.

# 루터를 개혁으로 이끈
# 전방위적 위기 의식

1517년 10월 31일은 마르틴 루터가 그릇된 관습이나 잘못된 종교적 교리를 바로잡고 믿음의 근원으로 돌아가자고 주창한 날이다. 그래서 매년 10월 31일 전후로 다양한 '종교개혁 기념일' 행사가 열린다. 16세기 초반 당시의 유럽은 질병과 전쟁, 기근과 기후 변화로 암울하기 이를 데 없었다.

14세기 중반부터 주기적으로 유행한 흑사병이 유럽 인구의 절반가까이 앗아갔고 결국 루터의 두 동생도 희생되었을 정도로 이 감염

종교개혁의 상징 마르틴 루터의 초상화.
루카스 크라나흐의 1528년 작품.

병은 오랜 시간 두려움의 대상이었다.

또한 1337년부터 1453년까지 100년 넘게 지속된 잉글랜드와 프랑스 간의 백년전쟁이 끝나기 무섭게 루터가 '사탄의 분노'라 불렸던 동쪽의 오스만 튀르크 세력이 동로마제국의 천년고도이자 정교회의 심장이었던 콘스탄티노폴리스를 함락시킨 후 서유럽 깊숙이까지 쳐들어오자 유럽인은 전쟁의 공포와 종말적 긴박감에 지속적으로 사로잡혔다.

## 재난의 시대를 살아간 사람들

질병과 전쟁 그리고 소빙기(小氷期, Little Ice Age)라고 불릴 정도로 춥고 불규칙한 날씨와 굶주림에 허덕인 시대에 사람들이 멜랑콜리아형 우울증에 시달린 건 어쩌면 당연한 결과일지 모른다.

루터 역시 심각한 우울증에 시달렸다고 한다. 몸과 마음이 아플 대로 아픈 중세인은 종교와 교회에 의지하고자 했지만 삶이 어렵고 힘들어질수록 개인적인 기복신앙(祈福信仰)에 깊이 빠져들었다.

무엇보다 심각한 문제는 수많은 성직자, 특히 헌신적인 성직자일수록 죽음이 임박한 감염자들에게 병자성사를 행하는 과정에서 목숨을 잃었다는 사실이다.

성직자 부족과 전쟁·전염병으로 그리스도교적 생활의 중심이라 할 성체성사와 죄를 고백하는 고해성사조차 할 수 없게 되자 사람들의 불안과 심리적 공황은 커져만 갔다.

사후 심판과 구원에 대한 두려움은 중세인에게 실재적·절대적으로 다가왔다. 그래서 교회에선 개인이 고해성사를 하고 죄를 뉘우치면 금식·기도·성지 순례·자선 행위 등 참회 고행을 하도록 했다. 처벌을 가볍게 하는 성례를 구원 수단으로 발전시킨 것이다. 하지만 생전에 죄를 다 씻어 내지 못하고 죽으면 천국에 들어가기에 앞서 연옥이라는 곳에서 고통받으며 죄를 마저 정화해야 했다.

면벌부를 사는 사람들. 루터의 종교개혁은 면벌부 판매에 대한 비판에서 시작되었다.

　구원을 갈망하던 대중의 간절한 욕구는 결국 '면벌부'(免罰符)라는 증서의 남발을 불러왔다. 돈으로 면벌부를 사면 참회 고행을 하지 않아도 벌을 가볍게 하는 특혜를 주는 것이었다. 흑사병이 퍼지자 이동과 사제 접촉을 제한한 사회적 환경 속에서 대중의 종교적 욕구와 맞물려 확산된 민중적 신앙 행위였다. 나중에 루터는 물론 종교 개혁의 후원자가 된 한 군주조차 200만 년에 해당하는 면벌부와 성 유물 1만 9천 점을 소유했을 정도다.

　1476년 교황 식스토 4세가 면벌부의 효력을 연옥에서 벌을 받고 있는 영혼들로 확대하면서 '망자를 위한 면벌부'가 죽음의 시장에서 판매되기 시작했다. 사실 대중은 이미 오래전부터 면벌부를 사들여 흑사병으로 급작스럽게 죽은 자들이 사면받길 간절히 원했다.

이러한 행위가 광범위하게 늘어나면서 교회도 면벌부에 대한 대중의 열망을 수용해 교회 제도에 편입했다. 재난의 시대를 살아가던 대중의 요구를 추인한 셈이다.

종교개혁이 일어난 유럽 지역은 14세기 중반부터 소빙기에 접어들면서 한랭 기후, 자연재해, 흉작, 굶주림과 폭동을 경험했다. 특히 15세기 후반에는 기온이 급강하하고 겨우내 얼었던 눈과 빙하가 녹으면서 호우·홍수·산사태·병해충 확산 등의 재해가 빈번해졌는데, 주로 봄과 가을에 집중되면서 농업 생산성 하락에도 적지 않은 영향을 줬다.

잦은 전쟁으로 농산물의 생산, 유통, 판매에서 차질을 빚었고 물가는 상승했다. 흑사병이 남긴 상처에서 겨우 회복되던 때라 사람들은 더욱 심한 좌절감에 빠져들었다.

이러한 위기 상황에서 특화된 기능을 지녔다고 믿는 성인들에게 하는 호소는 절규에 가까웠다. 치아가 심하게 아프면 아폴로니아 성녀에게 낫게 해 달라고 빌었고, 흑사병은 전염병의 수호성인 로코 성인에게 치유해 달라고 요청했다.

성인들에게 매달리고 기도하는 것으로 안심하지 못한 사람들은 복을 받을 수 있다는 생각에 성인들의 유골을 가까이 두고 싶어 했

1521년 독일 보름스에서 개최된 제국의회의 청문회에서 자신의 주장을 펼치고 있는 루터의 모습을 그린 안톤 폰 베르너의 〈보름스 회의에서의 루터〉(1877).

다. 살아 있을 때 이미 공경과 사랑을 받은 튀링겐 출신 엘리자베스 성녀의 장례식에는 수많은 사람이 몰려들어 얼굴을 가린 천 조각과 심지어 머리카락, 손톱 같은 신체 일부를 떼어 가려 했다. 민중의 이러한 기복신앙은 정신적 건강보험과 같았다.

## 개혁가 루터와 그의 후원자들

구원 문제에 극도로 민감했던 중세인들은 죄를 씻고 죽으려 했다. 그래서 그들의 종교심은 종종 불건전한 성인 공경과 극단적인 성유물 숭배, 망자를 위한 미사, 과도한 면벌부 구매 그리고 무엇보다 민간신앙적 행위를 수용하고 추인한 교회의 모호한 태도로 얼룩졌다.

루터는 신앙의 위기를 극복하고자 가톨릭의 민중적 신심에 들어 있던 종교적 가치를 부인했다. 하지만 대중은 오래된 종교적 관행을 쉽게 포기하려 하지 않았고 오히려 급격한 변화에 혼란스러워했다. 그래서 루터를 비롯한 개혁가들은 때로 좌절할 수밖에 없었다.

종교개혁은 루터를 후원한 많은 사람의 헌신적 노력으로 수행되었다. 그렇지만 그를 보호하고 지원한 세속 제후들에겐 종교개혁에 따른 정치 권력 강화와 경제적 이득도 중요했다. 그들은 교리 문제보다 교황이나 친가톨릭적인 황제의 간섭과 압력에서 벗어나 독립적 통치 기구를 구축하는 데 관심이 많았다. 무엇보다 백성들의 돈이 면벌부를 사느라 교황청으로 흘러 들어가는 걸 내심 못마땅해했다.

루터는 25년간 2주에 한 번 책을 펴냈을 정도로 왕성한 다작가이자 당대 최고의 베스트셀러 작가였다. 그의 책을 대량으로 생산한 인쇄출판업자들은 상당히 큰돈을 벌었다. 초기 자본가들이었던 시민 계층은 세속 군주들이 교회의 건물과 토지 재산을 몰수해 국유화하는 데 적극 동조했다.

잉글랜드의 헨리 8세는 교회에서 몰수한 토지를 자영농들에게 나눠줬는데, 근대 잉글랜드의 젠트리 같은 신흥 지주 계층이 성장하고 농업 자본주의가 태동하는 계기가 되었다. 세속 군주들과 시민들이 종교개혁에 가담한 중요한 목적은 자신들의 정치·경제적 기득권을

농민 봉기에 가담한 농민군의 모습.

지키려는 것이었다. 이러한 세속적인 이유로 루터는 그들에게 갈등
과 신뢰라는 양가감정이 있었다.

설상가상으로 루터가 봉건 질서에 저항한 농민 봉기와 이를 지지
한 급진적 개혁 세력에 반대하면서 종교개혁은 농민층의 지지를 얻
는 데 실패했다. 루터는 이들에게서 '제후들의 아첨꾼'이라는 비난
을 받았고 결국 그의 개혁은 대중운동 차원으로 승화되지 못했다.

## 위기를 극복하려는 시대정신

코로나-19 팬데믹의 충격에서 채 벗어나기도 전에 러시아-우크라이나 전쟁이 일어났다. 전 세계적으로 곡물과 에너지의 가격이 갑자기 치솟았다. 밀·옥수수 등 곡물의 국제 가격은 2008년 이후 최고 수준으로 올랐고, 그 여파로 아프리카와 남아시아의 개발도상국들은 더욱 심각한 식량 위기를 맞았다. 질병·전쟁·기후 변화 등이 복합적으로 작용한 결과다. 종교개혁 시대의 파국으로 치닫던 묵시록적 세계가 재현되는 듯하다.

세계 역사를 거시적으로 성찰한 야콥 부르크하르트는 '위기는 늘 우리 곁에 있었고 낡은 생활 방식을 정리하기 때문에 강인한 사람들은 오히려 위기의 분위기를 사랑한다'라고 봤다.

질병-전쟁-기후 변화-기근으로 이어지는 위기의 시대를 살았던 루터는 자신이 속한 사회에 개혁이 필요하다고 믿었다. 말세 풍조를 쇄신하지 못하면 살아남을 수 없다는 위기 의식이 그를 개혁으로 이끈 것이다. 지금 우리는 종교개혁의 성공 여부와 한계를 얘기하기보다 절체절명의 위기를 극복하고 새로운 세상을 만들고자 했던 루터의 정신을 기려야 한다.

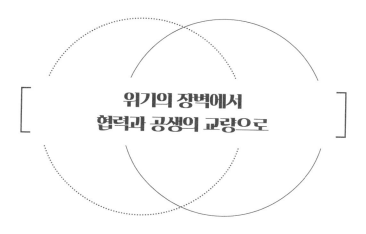

# 위기의 장벽에서
# 협력과 공생의 교량으로

　국내외 학자들과 세계의 국경을 비교하는 공동 연구를 진행한 바 있다. 몇 해 전에는 우리나라를 비롯한 독일·일본·폴란드의 국경 연구자들이 한자리에 모여 '국경 비교 연구 워크숍'을 진행했다.

　국경의 과거와 미래에 대해 논의하는 과정에서 참석자들의 관심은 남한과 북한의 군사분계선인 비무장지대(DMZ)로 모였다. 이곳은 역설적으로 세계에서 가장 중무장된 지역으로, 쉬이 넘나들 수 없는 살아 있는 경계선이기 때문에 더욱 그러했다.

1947년 인도와 파키스탄에 새롭게 획정된 래드클리프 국경선을 넘어 이주하는 사람들. 이 국경선은 식민 종주국인 영국이 정했다.

국경 연구는 세계·국가·지역 권력이 등장하고 힘을 겨루는 장소인 국경선을 통찰하는 학문이다. 전통적인 국경론은 국경을 보호·단절·통제·차단 기능을 하는 배타적 선이자 주권의 날카로운 모서리로 이해하면서 반드시 수호해야 하는 신성한 경계선으로 인식했다. 그러나 고전적 국경 이론은 국경의 배타적·공격적 기능만 강조한 나머지 이를 불통의 장벽으로 파악했고, 그래서 국경의 접촉 기능과 협력 기능을 설명하는 데 한계를 드러낸다.

국경을 넘나드는 코로나-19라는 초국가적 감염병은 자국의 이득만 고려한 정책이 더 큰 혼란을 유발하고 이웃 나라와 함께 대처하는 게 확산을 예방하는 지름길이라는 사실을 새삼 일깨웠다. 그 결과 국경을 군사적 요새나 정치적 장벽이 아니라 공생하는 교량으로 인식하는 경향이 뚜렷해졌다.

## 국경선이 지니는 공통적 함의들

오늘날 많은 국경선이 제2차 세계대전이 끝난 1945년부터 세계 곳곳에 그어졌다. 한반도의 38선이 그중 하나고 독일과 폴란드, 인도와 파키스탄 사이에도 새로운 국경이 세워졌다. 이 국경선들은 몇 가지 공통점이 있다.

첫 번째는 국경선이 지역 주민의 의사와 관계없이 강대국의 지정학적·전략적·경제적 이해관계 안에서 일방적으로 결정되었다는 점이다.

미국과 소련은 민족 해방을 맞은 조선에 자의적으로 38선이라는 군사분할선을 획정했다. 다른 국경과 비교해 차이가 있다면 인도·파키스탄을 분할한 래드클리프(Radcliffe) 국경선은 식민 종주국인 영국이, 독일과 폴란드의 오데르-나이세(Oder-Neisse) 국경선은 승전국 소련이 강제로 정했다는 사실이다.

38선은 이 모두에서 비켜난다. 식민지 조선은 독일 같은 전범국이

오데르강을 사이에 두고 다리만 건너면 오갈 수 있는 독일의 프랑크푸르트(사진 왼쪽)와 폴란드의 스우비체(오른쪽)는 1945년까지 한 도시였으나 소련이 강제로 정한 오데르-나이세 국경으로 분리되었다.

아니었고, 미국과 소련은 조선의 식민 종주국이 아니었다. 무엇보다 패전국 일본이 아니라 오히려 한반도가 분단되고 말았다. 일본 제국주의가 물러난 자리를 새롭게 메운 외세가 경계를 정하면서 국토가 분단되고 남한과 북한이라는 두 국가가 성립된 것이다.

국가가 성장하고 팽창하면서 주권이 국경선을 규정하는 게 역사의 일반적 경험이지만 한반도는 국가보다 국경선이 먼저 생성된, 본말이 전도된 굴곡진 역사를 간직하고 있다. 그래서 38선은 여러 면에서 비정상이다.

38선의 예외성과 비정상성은 열강들이 통치 수단으로 세계의 영토를 분할하고 구획했던 국경의 전 지구적 팽창이라는 스펙트럼 안

역병, 전쟁, 위기의 세계사

에서 고찰할 필요가 있다. 임의적으로 자행된 선형적 경계 짓기는 세계를 산산조각냈고, 국경은 강대국의 힘의 논리가 작동하는 공간이 되었다. 20세기 중반 이후 세계의 국가 수는 세 배로 증가했다.

1989년 베를린 장벽 붕괴와 더불어 시작된 탈냉전 이후의 세계화는 국가 간 국경을 허물고 '국경 없는 세계'(borderless world)를 만들 것으로 예측되었다. 그러나 현실은 다른 방향으로 전개되었다. 국경 장벽은 세계 곳곳에서 경쟁적으로 건설되고 있다.

앞서 언급한 세 국경선이 지닌 두 번째 공통점은 제국의 자의적이고 편의주의적인 발상에서 비롯된 분단으로 추방·학살·전쟁 등 온갖 재앙이 세상으로 튀어나온 판도라의 상자였다는 것이다.

힌두인과 무슬림의 이익 보호를 명분으로 내세운 인도·파키스탄 국경 설정은 1천만 명 이상의 실향민과 지금도 여전히 수를 정확히 파악할 수 없을 정도로 많은 희생자를 냈다.

제2차 세계대전 직후 폴란드로 새롭게 귀속된 국경 지대에서도 대대로 그곳에 살던 독일인 400만 명 이상이 강제 추방당하면서 온갖 수모를 겪었다.

한반도에서도 외세가 멋대로 그은 38선이 한국전쟁을 거쳐 휴전선이라는 경계로, 남북한의 국경선 아닌 국경선으로 고착되어 버렸다. 분단과 전쟁으로 수많은 사람이 실향민이 되었지만 남과 북은 판문점 도끼 만행 사건(1976년) 등 국경 지대의 유혈 충돌을 거치면

한국전쟁 때 그어진 38선은 국경선이 국가보다 먼저 생성되는 본말이 전도된 굴곡진 역사를 상 징한다.

서 적대적인 분단 체제를 견고히 했다. 그로써 우리 의사와 상관없 이 강제로 구축된 분계선으로 지금껏 아픔과 슬픔을 안고 산다.

국경선이 지니는 세 번째 공통적 함의는 중심과 주변의 상호 연관 성이다. 중앙정부는 내부 통합을 강화하고 지배 질서를 정당화하는 수단으로 국경의 주변성을 활용했다. 많은 경우 분단은 강력한 독재 를 낳았고 독재는 분단을 이용하는 악의 순환고리가 형성되었다.

영국의 야욕으로 1947년 획정된 래드클리프 국경선은 인도와 파키스탄 두 나라의 긴장을 불러일으켰다. 분단은 양국을 불신과 증오로 가득한 앙숙으로 만들었고 핵무기 경쟁을 불러왔다.

본래 하나의 국가였다가 분단된 인도와 파키스탄의 관계는 핵전쟁의 공포가 가시지 않는 한반도의 남북 관계와 유사하다. 식민 지배 · 해방 · 분단 · 전쟁으로 점철된 현대사를 경험했다는 점에서 유사성은 더욱 두드러진다.

제2차 세계대전으로 탄생한 폴란드 공산 정부는 정통성을 확보하고자 국경과 관련해 반독일 정서를 부추겼다. 그림, 소설, 영화, 전쟁 기념비 등으로 독일의 침공 위협이라는 기억은 지속적으로 재생산되고 확산되었다.

한반도에서도 국경 획정으로 새롭게 탄생한 남과 북의 정권은 분단 효과를 톡톡히 봤다. 1960년 이후 남북한의 군사정권은 체제 구축에 국경 상황을 활용했다. 그 결과 남북한은 각각 유신 체제와 수령 체제를 출범시키고 무한 체제 경쟁에 돌입할 수 있었다.

북한이 비무장지대나 서해 북방한계선(NLL) 일대에서 무력 도발을 일으킨 일이나 이를 이용하려는 남한의 평화의 댐 건설과 이른바 '총풍' 사건은 체제 구축에 있어 중심이 주변(국경)을 활용한 대표적 사례다.

## 국경을 협력의 공간으로 재성찰해야 할 때

국경과 같은 경계는 사회적 생산물이자 가변적 구조물이기 때문에 경계에 대한 대안적 상상을 현실화하는 새로운 재현 방식이 요구된다. 국경 화해와 협력은 군사적 갈등을 제어할 수 있다. 좋은 담장이 좋은 이웃을 만든다고 하지 않는가.

독일은 1990년 통일을 계기로 오데르-나이세강 국경 지대에 대한 기존의 역사 주권과 영토 주권을 모두 포기함으로써 '천년 전사(戰史)'를 간직한 독일·폴란드 국경 갈등을 봉합했다. 통일을 대비해 영토 분쟁의 불씨였던 지역을 포기한 것이다.

남북은 이미 1972년 '7·4 남북공동성명'에 이어 1991년 화해와 불가침 및 교류·협력에 관한 '남북기본합의서'를 채택했다. 2000년 이후 다섯 차례 이뤄진 정상회담으로 사실상 남북 화해 분위기가 조성되었다.

그러나 잠정적 분단선인 38선이 만들어진 지 80여 년 세월이 흘렀건만 남북한 사이에는 여전히 뿌리 깊은 불신과 적대 의식이 힘을 발휘하고 있다. 남북 화해를 둘러싸고 보수와 진보 간 '남남갈등'도 지속되고 있다. 남북 정상 간의 냉전적 적대감을 뛰어넘는 악수 교환도 한반도에 화해를 가져오지 못한 셈이다.

이제는 국경을 국가의 안보 이익을 위한 분리와 배제의 전략적 경계선으로만 이해할 게 아니라 협력의 공간으로 재성찰해야 할 때다. 독일·폴란드 국경 갈등의 근원지였던 오데르 강변에 설립된 비아드리나 유럽 대학교는 교육을 통한 국경 협력의 대표 사례다.

국경 지대에서 비정치적인 교육기관이 협력의 중심이 되었다. 교육·문화·환경적 협력은 정치적으로 민감하지 않은 사안을 다루기에 순조롭게 국경 협력으로 나아갈 기회를 마련할 수 있다는 점에서 시사하는 바가 크다.

국경의 절개된 상처가 그대로 남아 있는 비무장지대가 평화와 생명의 접경 공간(contact zone)으로 현전할 수 있으리라 생각한다. 역사적으로 접경 지대 사람들은 초경계적 연대를 구축하면서 지역 간 협력 공간을 확충했고, 혼종화된 지역 정체성을 발판으로 위기 상황에 원숙하게 대처했으니 말이다.

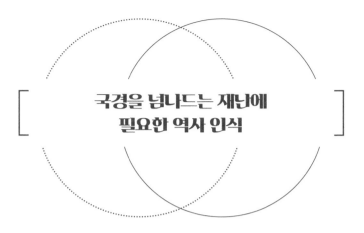

## 국경을 넘나드는 재난에
## 필요한 역사 인식

독일이 통일되기 전 동독은 대기오염도가 유럽에서 최악이었을 정도로 환경 파괴가 심각했다. 화학 공장에서 내보낸 오염수가 인근 하천과 강으로 흘러들었다. 세계 3위의 우라늄 광석 생산국이었던 동독의 대기와 지하수는 방사선에 노출되었다.

동독은 난방 연료로 갈탄을 주로 사용했는데 이 과정에서 아무런 여과 장치 없이 유해 물질이 대량 배출되었다. 더욱 심각한 문제는 동독 지역에서 방류되는 막대한 폐수가 서독 국경 지대의 공유 하천

통일 전 동독에서 난방 연료로 쓰인 갈탄 폐수가 엘베강을 따라 서독까지 흘러 들어가면서 동서독 간 갈등을 빚었다. ⓒ독일 연방문서보관소 제공

과 바다로 유입되면서 동독과 서독의 갈등과 혼란을 불러일으켰다는 사실이다.

　서독과 동독 두 나라는 국경 지대 환경을 보호하고자 포괄적 논의를 진행했고, 1973년에 '국경위원회'가 설치되어 이 조직에서 공유하천 보호와 수자원 분야 협력, 초국경적 재해 방지 업무를 맡게 되었다.

　독일이 통일될 때까지 18년간 존속한 국경위원회는 해마다 정기적으로 동서독의 여러 도시에서 회의를 열었다. 동서독의 관련 중앙

부처 및 접경 지역 경계를 맞댄 네 개 주가 참여한 이 위원회는 불편한 두 이웃이 협력해 국경 문제를 성공적으로 해결한 사례다.

환경오염 등 국경 이슈에서 접경 지역 지방자치단체는 심리적 불안에 더해 경제적 손실을 고스란히 떠안는 1차 피해자이자 당사자였다. 그래서 지자체가 국경위원회 설립을 적극 추진했다는 사실에 주목할 필요가 있다.


## 동서독 갈등 관리의 초석

동서독 국경위원회는 화재, 홍수, 빙해, 산사태, 병충해, 전염병, 환경 오염, 방사선 누출 사고 등으로 상대 지역에 영향을 미치는 초국경적 재난이 발생했을 때 '국경정보교환소'를 통해 상대방에게 관련 정보를 신속하게 제공하기로 합의했다.

국경 지대에서 일어나는 재난은 단독으로 해결하기가 불가능하다는 현실적 판단 아래 두 나라가 재난에 공동 대처하기로 한 것이다. 두 나라는 국경 지대를 공동 관리하며 지속가능성 전략을 추진했고, 국경은 점차 공존과 상호의존의 장소로 변모했다.

여기서 중요한 점은 동서독 국경위원회가 양측 영토 내에서 발생한 문제가 이웃 국가에까지 영향을 줄 때 공동으로 대응했다는 사실

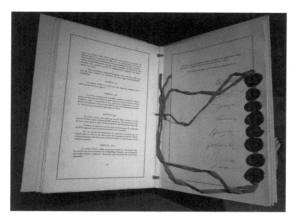

1951년 파리에서 체결된 유럽석탄철강공동체 설립 협정서.

이다. 또한 상대방 국가에 환경오염의 책임을 묻고 배상을 요구하기에 앞서 국경을 상생의 공간으로 이해하고 국경을 뛰어넘는 협력으로 문제 해결을 모색했다는 것이다.

호우와 같은 예상치 못한 자연재해로 이웃의 논둑이 넘치거나 허물어져 자신의 논도 피해가 우려되면, 사법적 대응으로 시간을 허비하기보다 일단 서로 힘을 모아 터진 논둑을 다지는 게 도리 아니겠는가.

## 갈등의 씨앗에서 공존의 시작으로

유럽의 석탄과 철은 산업화의 원동력이자 전쟁의 원인이기도 했다. 전략물자인 철과 석탄의 주요 산지들은 독일 · 프랑스 · 벨기에의 국경 지대에 밀집되어 있다.

전 세계적으로 5천만 명 이상의 사망자를 기록한 제2차 세계대전이 끝나자 전쟁을 억제하려면 석탄과 광산 지대를 감시하고 통제해야 한다는 인식이 대두되었다.

전후 절망적 상황에 놓인 유럽이 국가 이기주의에서 벗어나 평화와 공영의 길로 나아가는 해결책으로 석탄 · 철강 산업을 통합해 관리하는 초국가주의적 모델이 제시되었다.

유럽에서 생산되는 석탄과 철을 하나의 조직이 공동 관리하자는 안으로 프랑스 · 서독 · 이탈리아 · 베네룩스 3국(벨기에 · 네덜란드 · 룩셈부르크)이 즉시 가입하면서 1951년 유럽석탄철강공동체(ECSC, European Coal and Steel Community)가 탄생했다.

오랫동안 전쟁의 목적이자 수단이었던 석탄과 철강을 초국가적이자 범유럽적으로 통제해 자원에 대한 국가 간 갈등을 화해와 협력으로 승화한 것이다.

2002년까지 존속하면서 자원 협력에 새로운 상생의 길을 마련한 유럽석탄철강공동체는 지금의 유럽연합(European Union)으로 확장되

유럽석탄철강공동체의 창설을 제안한
로베르 쉬망.

었다.

경제 통합이 정치와 안보의 통합을 끌어냈고 지역 내 군사적 긴장
완화와 평화 정착에 이바지했음을 의미한다.

새로운 유형의 초국가적 에너지 협력 기구였던 유럽석탄철강공동
체는 회원국에서 이양받은 기능을 융합해 회원국 공동의 이익을 위
해 정책을 입안하고 실행했다.

유럽석탄철강공동체의 최고 공동의사결정기구로서 아홉 명으로

구성된 고등관리청(High Authority)은 회원국 정부로부터 독립적인 지위를 가지며 자율성을 바탕으로 공동체 전체의 이익을 도모했다.

초국적 형태의 이 기관은 회원국들에 대한 감시와 제재로 석탄과 철이라는 공동 자원을 효율적으로 관리했다. 서유럽의 국경 지대에 산재한 자원을 공동으로 관리하려는 국경 정책의 일환이었다. 동시에 분쟁 대상이었던 국경 지대를 공동의 자산으로 생각하고 상생의 길을 모색한 자구책이었다.


## 팬데믹 앞에서 힘없이 무너진 국경

삼면이 바다로 둘러싸인 한반도 주변 수역은 대부분 폭이 400해리 미만으로 국가가 경제적 목적을 위해 배타적으로 이용할 수 있는 배타적 경제수역(EEZ)이 중첩되어 주변국과 경계가 아직 확정되지 않은 상태다.

그만큼 국가들 사이의 거리가 가까워 이웃 일본의 후쿠시마 오염수 방류가 바로 우리 문제가 될 정도다.

동북아 지역은 세계에서 원전 밀집도가 가장 높다고 알려져 있다. 한국 서해안과 직접 마주 보고 있는 중국 동북부 해안에서도 중국 원자력 발전소들이 작동 중이라 후쿠시마처럼 예상치 못한 자연재해로 사고가 나면 국내에도 영향을 미친다고 한다.

코로나-19 팬데믹 앞에서 우리는 국경이 호우에 쉽게 무너지는 논둑과 같다는 걸 실감했다. 환경 재난으로 국경은 '방어벽'이 아니라 초국가적 위협에 이웃 국가들이 함께 맞서야 하는 접경이자 협력의 공간이라는 게 명확해졌다.

'인류를 구원할 것은 협력이다'라는 영국의 철학자 버트런드 러셀의 말에 더욱 수긍이 간다. 호혜성에 바탕을 둔 집합 행동은 타인과 협력하는 게 자신에게도 유리하다는 걸 전제로 한다. 팬데믹 시대의 마스크 착용이 타인을 위한 배려이자 자신의 건강을 보호한 것과 같은 이치다.


## 국경을 공공재로 활용하는 인식의 전환

인간과 국가가 설정한 경계를 아랑곳하지 않고 넘나드는 팬데믹이 증명하듯 국경을 넘어서는 재난 앞에 너와 나를 따질 수 없다. 정부·접경 지역 지방자치단체·국경 전문가·국제 기구가 협력해 유연한 국경 정책을 모색해야 한다.

국경은 옆집 사람들이 서로 등을 맞댄 담장과 같아서 호혜적 협력이 필요하다. 국경 지역을 공동 자원 혹은 공공재로 활용하는 인식의 전환이 절실한 시점이다.

한국 정부도 일본·중국·북한·러시아 등과 국경 협력의 물꼬를 트는 유연한 정책을 모색해야 한다. 이를 위해 상시 협의기구인 '동북아시아 국경위원회'를 설치해야 한다.

현재 한일 관계를 고려할 때, 한국과 일본 양자가 참여하는 상설 위원회인 '한일 국경위원회' 설립을 우선 추진해 동아시아 지역 안정과 협력 강화를 위한 국경 대화가 필수적이다.

국경 지대의 자원을 공동 관리한 최초의 성공작인 유럽석탄철강공동체의 사례를 준용해 검토하는 것도 좋을 듯하다.

장기적으로는 이웃 나라들과의 공존과 연대를 꾀할 수 있는 '국경 교육'의 미래 가치를 인식하고 국경 전문가 육성 프로그램 개발에 나서야 한다.

학생들은 학교 현장에서 국경의 상호 교류 역사를 이해하고, 해양·대기·토양 오염이 언제든 한쪽에서 다른 쪽으로 옮겨가는 삼투현상이 일어나는 장소로 국경의 중요성을 깨달아야 한다.

경계 사유(border thinking)는 지점에 서서 이편과 저편을 평등한 관점으로 바라보는 것이다. 양자택일을 강요하지 않을뿐더러 상충하는 가치들을 너그럽게 포용하는 마음을 일으킨다. 그리고 미래는 인류가 함께할 때만 지속 가능하다는 사실을 일깨운다.

# 초국경적 환경오염
# 피해 방지를 위해서

 

대기 중에 연기나 먼지와 같은 미세한 입자가 떠 있어 공기가 뿌연 상태로 되는 현상을 연무(煙霧, haze)라고 한다. 목표물을 명확하게 식별할 수 있는 시정(視程) 장애를 일으킬 뿐만 아니라 건강에 심각한 악영향을 미치는 대기오염 문제다.

우리나라도 봄이면 황사 때문에 피해를 보거나 미세먼지로 어려움을 겪는데, 동남아시아는 연무가 매년 발생하면서 피해가 커지고 있다. 환경오염은 국경을 넘나들면서 국제 사회의 골칫거리가 되었

인도네시아가 원시림을 태우면서 발생한 물질이 이웃나라 싱가포르에 영향을 미치기도 한다. 싱가포르는 국가 간 분쟁을 피하고자 국내외 민간 단체를 통해 인도네시아 농민들을 위한 환경교육 프로그램 등을 진행했다.

다. 말레이시아에선 연무 현상이 지속되어 학교 휴교령이 내려진 가운데, 인도네시아에선 호흡기 질병으로 많은 사람이 목숨을 잃었다.

싱가포르는 2013년에 대기오염 지수(PSI)가 400을 넘어 생명을 위협하는 수준에 달했다. 연무 현상은 노동 생산성 및 소비 활동 저하 등으로 사회·경제적으로도 큰 타격을 줬다. 항공기 운항이 수시로 연기되거나 취소되었고 외국 관광객들이 잇달아 관광을 취소해 관광객 수가 감소하기도 했다. 기업 활동 위축과 시민들의 야외 활동이 줄어들어 싱가포르의 내수 경기 침체로도 이어졌다.

역병, 전쟁, 위기의 세계사

싱가포르와 말레이시아 연무는 인도네시아에서 발생한 화전(火田) 농업 방식으로 인한 산불이 주요 원인이다. 이때 발생하는 미세먼지와 연기는 싱가포르와 말레이시아는 물론 태국까지 퍼져나가 동남아시아의 국가 간 외교적 갈등으로 비화했다.

인도네시아의 농민들과 기업은 숲의 초목과 이탄(泥炭)을 제거하기 위한 저렴한 방법으로 화전을 이용한다. 이탄은 이끼나 벼 등의 식물이 습한 땅에 쌓여 지표면에 형성된 두꺼운 퇴적층으로, 흙덩이 모양으로 생긴 석탄의 한 종류다. 일반 토양보다 열 배 이상의 탄소를 흡수할 수 있는 탄소 저장고이기도 하다. 반대로 이탄지가 개간 등으로 훼손되어 막대한 양의 이산화탄소가 대기 중으로 방출되면 지구온난화는 가속화될 것이다.

인도네시아는 세계 최대 팜유 수출국으로 야자나무에서 추출하는 식물성 기름인 팜유는 라면·과자 등 식품뿐 아니라 화장품·세제 등 다양한 제품의 원료로 널리 쓰인다. 최근에는 팜유 생산이 기업화되면서 팜유 농장을 개간하고 팜나무를 심고자 광대한 열대 우림에 고의로 불을 내고 있다.

싱가포르는 초기에 연무 문제를 해결하고자 인도네시아 정부에 강력한 대책을 요구했으나 인도네시아 정부는 자국이 '연무 주범국'임을 순순히 인정하지 않았다. 오히려 연무가 열대 우림에서 자연적으로 발생하는 화재로 천재지변이라고 주장했다.

팜유 플랜테이션 개간을 위한 불법 화전 경작으로 인도네시아의 열대우림이 파괴되고 연무가 발생하고 있다.

오히려 싱가포르에게 그동안 인도네시아의 청정한 공기를 공급받았지만 감사한 적이 있느냐고 반문하기도 했다. 환경 이슈를 국제화하는 싱가포르에 '어린아이처럼 징징댄다'라는 거친 표현과 비난을 퍼붓기도 했다. 하지만 정작 인도네시아는 거대한 밀림에서 발생한 대형 화재를 진압할 충분한 인력과 장비를 갖추지 못하고 있었다.

양국의 감정 싸움이 격화되자 결국 2013년, 인도네시아 대통령이 연무 사태에 관련해 싱가포르와 말레이시아에 공식 사과를 전했다. 싱가포르 정부도 사과를 수용하면서 최대한의 인적·물적 공조를 약속했다. 하지만 국가 간 양자 협상을 통한 해결이 어려워지자 싱가포르도 다양한 대응 방식을 모색했다.

## 초국경적 환경오염 문제 해결 대응 방식

첫째, 아세안(ASEAN, 동남아국가연합)과 UN 환경계획(UNEP) 혹은 세계보건기구(WHO)와 같은 중립적 국제기구를 통한 국제적 지역 차원에서의 접근이다.

이러한 외교적 중재 노력으로 싱가포르는 인도네시아 연무 문제가 단순히 인도네시아의 국내 문제가 아닌 국제적 환경 이슈라는 걸 전 세계에 인식시킬 수 있었다. 논의를 국제기구로 확대해 국제 무대에 의제화하면서, 가해국이 문제의 심각성을 인식하고 국가 간 협력까지 기대할 수 있게 되었다.

싱가포르 정부는 문제를 국제적으로 공론화함과 동시에 2005년부터 인도네시아 정부에 매년 산불 진화를 위한 '원조 패키지'를 제공했다. 당근과 채찍이라는 투 트랙 전략을 펼친 것이다.

2015년에는 3대의 C-130 항공기, 1대의 치누크 헬리콥터, 싱가포르 민방위 팀을 파견했다. 인도네시아 현지 지방정부의 전문 인력 양성과 화재 진압 장비 구입을 위해 재정도 지원하고 있다.

둘째, 싱가포르는 비정부기구(NGO)를 통한 우회적인 문제 해결 방식을 택하면서 문제에 최대한 중립적으로 접근하고 두 나라의 감정을 악화시킬 수 있는 민감한 국가 단위 접근은 지양했다.

싱가포르 시민들도 연무 문제에 책임 있는 세계적 제지 회사 아시아펄프앤드페이퍼그룹(APP)에 대해 싱가포르소비자협회를 통해 불매 운동을 전개했고 한때 이 회사의 제품은 매장에서 퇴출당했다. 연무 문제에 개입된 거대 기업들을 압박하면서 기업들도 환경 파괴의 심각성을 재고하게 만든 것이다.

셋째, 정부 차원의 국가적 접근보다 더 중립적일 수 있는 연구기관을 통한 장기 로드맵의 마련이다. 민간 비영리 독립 두뇌 집단인 싱가포르 국제문제연구소는 초국경적 연무에 대처하고자 인도네시아의 비정부기구뿐만 아니라 인도네시아 정부의 이탄지대 복원청(BRG)과도 활발히 교류한다. 공통의 목표를 가진 세계의 비정부기구. 인도네시아의 지방정부·지역 공동체·환경 전문가와 생태 활동가·기업 등 이해관계를 가지는 모든 기구와 초국경적으로 협력하는 것이다.

싱가포르 국립 대학의 '원거리측정감지처리센터'는 연무 문제를 다루기 위한 정보와 증거를 수집했고 연무 발생 장소를 매핑하는 작업을 수행했다. 또한 인도네시아 현지의 마을들 그리고 시민 사회와의 연대를 추구했다. 그 결과, 인도네시아 열대우림 화재의 80%가 팜유 플랜테이션 기업들과 관련이 있다는 사실을 밝혀냈다.

전통적으로 환경 문제는 '정부'의 개입과 '시장'을 통한 방법으로 풀어야 했다. 2009년 여성으로는 최초로 노벨 경제학상을 수상한 엘리너 오스트롬은 이러한 전통적인 해결 방안에 도전해 '또 하나의 길'로서 정부나 시장이 아닌 지역 공동체의 자발적 협력과 합의를 제시한 바 있다. 그녀는 몽골·중국·러시아의 목초지 관리를 사례로 들었다. 이곳은 수 세기 동안 유목민들이 계절에 따라 가축들과 함께 이동하면서 공동체가 자치적으로 관리하던 '공유지'였다.

그러나 중국과 러시아의 중앙정부가 초원을 국유화해 집단농장을 건립하거나 혹은 집단농장을 해체하고 사유화하는 방법을 사용했고 지역의 토지 품질을 급격히 저하시켰다.

그녀의 조사에 의하면, 몽골에선 지역 자치공동체의 초경계적·수평적 네트워크가 다중 중심적 지배구조를 갖춰 환경 문제를 자체적으로 해결하고 환경 파괴도 막을 수 있었다.

인간과 국가가 설정한 국경을 아랑곳하지 않고 넘나드는 팬데믹이 증명하듯 환경 앞에 경계가 있을 수 없다. 환경 갈등 해결을 위한 국가 간 무력 동원은 군사적 충돌과 전쟁으로 이어질 수밖에 없다.

사법적 해결 방식 역시 소송 비용과 시간이 많이 들고 재판 결과가 나오더라도 승자와 패자가 발생하기 때문에 화해 가능성이 사라지는 단점이 있다. 협상·조정·중재로 분쟁을 해결하려는 싱가포르의 사례를 교훈 삼아, 초국경적 환경오염 피해 방지를 위해선 국가 간 물리적 대립이 아닌 대화를 통한 협력 관계를 구축하는 정책을 적극적으로 모색해야 한다.

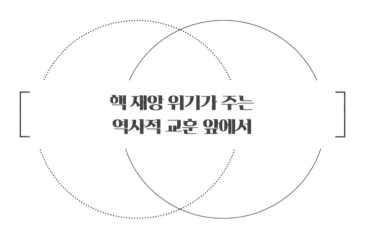

## 핵 재앙 위기가 주는
## 역사적 교훈 앞에서

2011년 봄 체르노빌 원전 사고 25주년을 맞아 세계 곳곳에서 다양한 기념 행사가 열릴 예정이었다.

사고 피해자들을 애도하는 자선 음악회가 기획되었고, 언론사들은 경쟁적으로 특집 기사를 실었다. 사고가 발생했던 우크라이나에서도 원자력 발전소가 폭발한 1986년 4월 26일 새벽 1시 26분에 맞춰 추모식을 준비했다.

그러나 기념일을 불과 한 달여 앞두고 일본 후쿠시마에서 대형 원

1979년 첫 대형 원자력 발전소 사고가 난 미국 스리마일섬 원전(사진)부터 1986년 최악의 원전 사고로 뽑히는 구소련의 체르노빌, 2011년 동일본대지진 당시 폭발이 일어난 후쿠시마 원전 등 최근 30여 년 사이 인류는 많은 원전 사고를 맞닥뜨렸다.

전 사고가 터지면서 추모 행사는 더욱 숙연해지고 분위기도 무거울 수밖에 없었다.

후쿠시마 참사는 체르노빌과 더불어 인류 역사상 두 번째 7등급 원전 사고였다. 체르노빌 사고 후 25년 만에 아시아에서 유럽에서와 같은 최악의 원자력 재난이 반복된 것이다.

## 원전 사고는 전 지구적 생존 문제

체르노빌 원전 폭발 사고는 원전의 위험성을 알리는 중요한 계기가 되었다. 때마침 불어온 편서풍을 타고 유럽 전역으로 흩어진 방사능 구름은 한동안 유럽 전 지역을 공포 속으로 몰아넣었다. 체르노빌은 원전 사고가 비단 한 나라만의 문제가 아니라 초국가적 사안이라는 걸 확실하게 인식시키는 첫 번째 사례였다.

1986년 프랑스 방사능 보호 중앙관리소 소장이던 피에르 펠르랭 교수는 공중파 채널 인터뷰에서 "낙진 위험은 원전 센터 근처에 있는 지역에만 해당한다"라고 장담했다. 프랑스는 방사성 물질 피해로부터 안전하다는 것이었다. 이에 언론은 "방사능 구름은 프랑스 국경에서 멈췄다"라고 보도했다.

그러나 그로부터 25년이 지난 뒤 프랑스의 갑상샘암 환자들이 펠르랭을 집단으로 고소했다. 그는 방사성 강하물에 의한 피폭을 과소평가한 탓에 피해를 더 키웠다는 혐의를 받았다.

80세가 넘은 펠르랭은 이후 10년 동안 재판을 받아야 했고, 결국 법원은 체르노빌 폭발과 고소자들의 암 관련성을 과학적으로 입증할 수 없다는 판단 아래 그에게 무죄를 선고했다.

체르노빌 사고 이후 프랑스는 강력한 안전 대책을 마련하면서 오히려 원자력 에너지 개발을 적극적으로 추진하는 정책을 일관되게 펼쳤다. 그 결과 프랑스는 미국에 이어 두 번째로 많은 56기의 원자력 발전소를 가동 중이다. 한편 미국에선 체르노빌 원전 사고 이후 본토의 신규 원전 건설이 주춤했지만, 기존의 친원전 정책에는 변화를 보이지 않았다.

이와 반대로 독일에선 체르노빌 폭발 직후 반원전·탈원전 논의가 활발하게 일었고, 결국 2023년 4월 16일을 기점으로 독일 내 모든 원자력 발전의 가동을 중단했다.

체르노빌 사고 이후 37년 만이다. 기술 선진국인 일본조차 후쿠시마 핵 참사를 막지 못한 것에 충격을 받았기 때문이다. 스위스와 벨기에도 탈원전 정책을 고수하고 있다.

이처럼 세계 각국이 원자력 발전을 놓고 상반된 접근 방식을 취하고 있다. 미국의 스리마일섬(1979), 체르노빌(1986), 후쿠시마(2011) 등 30년 사이에 원전 사고가 세 차례나 발생하자 세계 각국은 서로 다른 원전 대책을 수립한 것이다.

그런데도 원전 사고가 특정 국가에 국한되지 않는 전 지구적 생존의 문제라는 사실에는 이견이 있을 여지가 없다. 방사능은 국경을 따지지 않기 때문이다.

최악의 원전 사고로 뽑히는
구소련의 체르노빌.

## 원전 사고에 대응하는 초국가적 협력

  원전 사고에 효과적으로 대응하려면 각 나라가 공동으로 위기를
관리하는 초국가적 제도를 시급히 마련해야 한다. 예를 들면 '동아
시아 위기관리재난대응센터'를 설립해 주변 국가들이 서로 정보를
공유하고 위기 대응 모의훈련을 하는 것이다. 상호 관심사에 대해
의견을 나누고 협력하면 사태 해결의 돌파구를 마련할 수 있다.

제2차 세계대전 당시 서로 다른 두 체제인 자본주의와 공산주의의 맹주였던 미국·영국·소련이 공동의 적인 독일과 일본에 대항해 싸운 적이 있다. 인류가 당면한 핵 재앙이라는 공동의 문제를 해결하려면 이념을 넘어선 실리적 국제 협력이 그 어느 때보다 필요하다. 초국경적 위기에 초국가적 협업으로 대처하는 기지가 있어야 하는 것이다.

20세기가 경쟁의 시대였다면 21세기의 화두는 협력이다. 후쿠시마 원전 사고와 코로나-19 같은 전 지구적 재난은 국가 간 협력과 연대의 중요성을 더욱 일깨운다.

후쿠시마 오염수 방류 문제로 불안감이 커진 지 오래다. 하지만 전 세계의 바다는 이미 오래전부터 핵폐기물로 오염되어 왔다. 미국은 1940년대와 1950년대에 남태평양의 비키니섬에서 수십 차례 핵실험을 했고, 또 다른 핵 강국 프랑스도 폴리네시아의 섬들에서 1960년대부터 30년간 최소 100회 이상 핵실험을 자행했다.

당시 일본 정부는 강력히 항의했다. 옛 소련과 러시아가 동해에 핵폐기물을 버렸을 때도 일본은 앞장서서 이들이 해양을 오염시키고 생태 환경을 파괴한다고 비난했다. 그러던 일본이 이제는 버젓이 원전 오염수를 바다로 방류하고 있다.

원전 사고는 미국·유럽·아시아를 가리지 않고 발생했지만 원자력 에너지 사용을 놓고 여전히 찬반이 분분하다. 국내에선 여러 가

2011년 동일본대지진 당시 폭발이 일어난 후쿠시마 원전.

지 이유로 원자력 발전을 적극적으로 활용하고 원전 강국으로 도약하려는 정책을 추진 중이다.

그렇다고 원전이 알라딘의 요술램프가 될 순 없다. 원자력은 값싸고 효율적인 에너지원이지만 후쿠시마 원전 사고에서 보듯 자칫 사고가 날 경우엔 막대한 비용과 희생을 치러야 한다. 더욱이 무색무취의 방사능이 확산되는 특성 때문에 원자력에 대한 두려움은 쉽게 수그러들지 않는다.

## 에너지 절약을 '제5의 에너지'라고 부르는 이유

원전 가동의 또 다른 문제는 핵폐기물이다. 쌓여만 가는 방사성 폐기물을 다음 세대에 넘기는 건 무책임하고 이기적인 행동이다. 원자력의 공포에서 벗어나고자 한다면 우리 자신이 불편함을 감수하고 협력해 위기를 극복해야 한다.

티끌 모아 태산이라고 했다. 옥외 경관 조명 끄기, 냉난방 온도 제한, 공회전 줄이기 등 작은 실천으로 에너지 소비를 줄이면 그만큼 원자력 의존도를 낮출 수 있다. 식재료 성장에 알맞은 온도를 맞추는 데 소비되는 에너지를 절약하도록 제철 음식을 고집해 보자. 선한 행동을 소소하게 반복해 원전 사고라는 나쁜 역사가 재현될 우려를 줄일 수 있다.

원자력을 대체할 에너지원을 확보하는 길은 아직 요원하다. 하여 '에너지 절약'을 불, 석유, 원자력, 신재생에너지 다음으로 제5의 에너지라고 부르기도 한다. 독일 정부도 에너지 절약으로 탈원전 시대를 시작할 수 있었다. 이제 에너지 절약은 선택이 아니라 필수다.

에너지를 절약하려면 자원을 아끼고 신중하게 사용해야 한다. 산업혁명 이전의 전근대에는 '쓰레기'라는 개념이 없었다. 당시에는 재활용이 당연했고 중고시장도 번성했으며 재활용 제품이 일상적이었기 때문이다.

원전 개발과 함께 쌓여 가는 핵폐기물, 휴대폰이나 컴퓨터 같은 전자폐기물도 국제 문제로 떠오른다. 아프리카 가나는 전자폐기물이 주민 생계 수단이 되지만 독성 화학물질에 대한 피해도 상존한다.

 

    낡고 오래되었지만 지난 세월의 멋스러움이 묻어나는 빈티지도 선호되었다. 폐기물을 재처리해 사용하는 리사이클링과 단순 재활용을 넘어 새로운 부가가치를 창출하는 업사이클링을 실천하는 순환 경제만 존재했다. 이는 자원을 최대한 재사용하거나 재활용해 에너지를 최소한으로 사용하는 경제체제다.

    이처럼 인류는 주어진 자원을 알뜰하게 사용하는 능력을 지녔다. 오늘날과 같은 쓰레기 과잉 배출의 시대는 인류 역사에서 그 기간이 매우 짧다. 반면 재순환 기술은 오랜 기간 호모 사피엔스의 생존법이었다. 원전 사고가 반복되는 오늘날 에너지를 절약하고 감량 · 재사용 · 재활용 · 수거를 뜻하는 4R(Reduce, Reuse, Recycle, Recover)을 실천해 원전 의존도를 낮추면 그만큼 원전 참사의 위험성을 줄일 수 있을 것이다.

체르노빌과 후쿠시마 참사로 우리는 원전 사고가 단순히 한 나라의 문제가 아니라 전 지구적 재앙임을 인식했다. 원전 사고에는 너와 내가 없으며 이웃의 불행이 곧 내 불행이라는 걸 기억하자.

역사적으로 원전 사고는 아이러니하게도 미국 · 소련 · 일본 등 원자력 기술 강국이라고 자부했던 나라에서 발생했다. 그래서 더욱 '우리의 원전 기술이 세계 최고'라는 자만은 금물이다. 원전 때문에 긴장을 늦출 수 없는 위험한 불확실성의 시대에 원전 의존도를 단계적으로 줄이는 다양한 대응 전략이 필요하다.

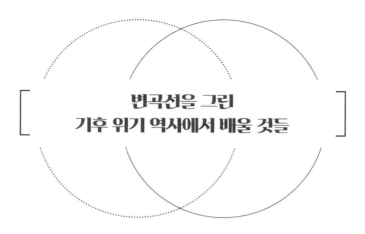

# 변곡선을 그린
# 기후 위기 역사에서 배울 것들

지구온난화가 갈수록 심각해지고 있다. 과거에도 온난화를 경험했지만 이번에는 상황이 역전되었다. 인류가 오랜 세월 기후 변화에 수동적으로 대응했다면, 이제는 인간의 활동이 기후를 바꾸고 있기 때문이다.

인류 때문에 지구온난화와 생태계 교란이 일어나고 방사성 물질·플라스틱 등의 흔적이 지각에 남는 지질 시대가 도래했다고 해서 현세를 '인류세'(人類世)라고도 한다.

기후 위기와 환경 위기에 무심해선 안 되지만 그렇다고 최후의 날을 맞은 듯한 공포와 절망에 빠질 필요는 없다. 역사적으로 기후 변화는 롤러코스터처럼 변곡선을 그려 왔지만, 인류는 회복력과 적응 능력을 강화하면서 명맥을 이어왔기 때문이다.

## 고대 온난기와 소빙하기의 기후 변화

기후 변화는 사회·국가·문명의 흥망성쇠를 관장한다고 할 만큼 인류의 중요한 문제가 되었다. 그래서 때로는 기후 변화가 국가의 성장 동력이 되기도 한다. 이를테면 고대 로마 사회는 '기후 최적기'(기원전 200~서기 150년)로 불리는 시기에 발전을 거듭했다. 수 세기 동안 계속된 안정적인 기후가 지중해를 배후로 한 고대 로마 사회의 성장에 도움이 된 것이다.

이 시기의 온화한 기후는 포도와 올리브 재배 지역을 북쪽으로 넓혔으며 농업 생산성과 산출량을 늘렸다. 그에 따라 사람들의 영양 상태가 좋아져 인구가 지속적으로 증가했다.

그와 반대로 서기 6세기에는 일련의 화산 폭발로 분출된 화산재 입자가 햇빛을 차단해 지구의 기온이 급격히 떨어졌다. 그 결과 연평균 기온이 1~1.5도 내려가 그 이전 2천 년 동안 경험해보지 못한 추운 시절을 맞았다. '고대 후기 소빙하기'로 불리던 이 시기의 뚜렷한 한랭 기후는 농작물 생육 부진으로 이어져 기근과 면역력 약화를 초래했다.

이러한 상황에 당대 최강이던 동로마제국에선 541년 흑사병이 출현하자 사망자가 대규모로 발생했다. 기후 악화로 작물 수확량이 줄어들어 사람들이 먹을 걸 찾아 빈번하게 이동하면서 감염병이 급속히 퍼졌기 때문이다. 기후 변화에 따른 자연재해와 감염병 확산으로 동로마제국의 번성했던 국력도 상당 기간 약해질 수밖에 없었다.

## 중세와 근대의 기후 롤러코스터

기후는 그동안 지속해서 변했고 앞으로도 변할 것이다. 서기 1000년부터 300여 년간 유럽은 '중세 온난기'를 맞았다. 온도가 20세기 전반기의 평균 기온보다 1~2도 높아졌고 지금은 영구동토층으로 뒤덮인 북유럽의 그린란드가 당시에는 곡식 재배가 가능해 푸른 땅(the green land)으로 불릴 정도였다.

이 기간에 유럽 인구는 약 3천만 명에서 7~8천만 명으로 두 배 이상 증가했다. 그만큼 더 많은 경작지가 필요해져 이른바 '대(大) 개간 시대'가 열렸다. 중세 온난기는 유럽인에게 경제적 발전과 물질적

서기 1000년부터 300여 년간 이어진 유럽의 '중세 온난기'에 건립된 프랑스 샤르트르 대성당의 스테인드글라스(채색 유리). 중세 고딕 양식의 성당들은 당시 따뜻한 기후의 영향으로 투명 유리 대신 채색 유리를 사용했다.

풍요를 가져다줬다. 유럽은 '인구혁명' '상업혁명' '도시혁명'을 경험하면서 문명이 개화하기 시작했다.

거대한 고딕 성당들이 유럽 도시 곳곳에 세워지고 채색 유리(스테인드글라스)를 통해 햇살이 성당 내부로 비껴들어 왔다. 투명 유리를 사용하지 않아도 될 정도로 햇살은 따사롭고 눈부셨다.

하지만 기후가 시샘이라도 하듯 14세기부터 19세기까진 춥고 습한 해가 많아졌고 극단적인 기상 이변이 빈번하게 발생했다. 그래서 이 시기는 수만 년 전의 대빙하기와 구별해 '소빙하기'로 불린다.

태양의 활동이 약해져 흑점 수가 줄어들고 여러 차례 일어난 대규모 화산 폭발로 화산재들이 성층권으로 퍼져 태양의 복사량이 떨어지면서 지구 온도가 전반적으로 내려갔다. 그러자 지구가 냉각되면서 토지가 건조해지고 황폐해졌다. 겨울에는 한파가 몰아쳐 호수와 강이 꽁꽁 얼어붙었고 결빙이 봄까지 지속되곤 했다.

겨울이 온화하기로 유명한 영국에선 16세기부터 18세기까지 겨울에 템스강이 여러 번 얼었다. 신기한 자연 현상을 보려고 사람들이 모여들어 두꺼운 얼음층 위에서 화롯불을 지펴 음식을 만들고 가판대를 설치해 '빙상 박람회'를 개최했다. 하지만 지하 저장고에 보관한 포도주가 얼고 심지어 잉크병의 잉크도 꽁꽁 얼 정도로 추위는 뼛속까지 스며들었다.

무엇보다 소빙하기의 도래와 생태계의 변화로 겨우내 쌓인 눈이 녹으면서 홍수가 발생했다. 우역(牛疫) 같은 가축 전염병이 확산되고 농작물 수확량이 줄어들었다.

1314년의 경우 여름에는 유난히 비가 많이 내려 기온이 비정상적으로 서늘했고 겨울은 유달리 길고 추웠다. 다음 해에는 여지없이 대홍수가 나서 1322년까지 7년간 기근이 이어졌다.

14세기부터 온도가 전반적으로 내려간 '소빙하기'에는 겨울이 온화
했던 영국도 혹독한 추위를 겪었다. 템스강이 여러 번 얼었다 녹기를
반복하면서 빙상 박람회가 열리기도 했다.

1347년 '유럽을 강타한 역대 최악의 재앙'인 흑사병이 유행하기
직전까지도 환경 재난은 사람들을 괴롭혔다. 영양실조에 걸려 성장
기를 보낸 사람들의 면역 체계가 저하된 상태에서 흑사병이 유행하
자 유럽 인구의 최소 1/3이 희생되었다.

## 소빙하기 기후 이상의 희생양

소빙하기에는 기후 스트레스와 질병에 대한 두려움으로 생겨난 우울증이 유행병처럼 번졌다. 유대인이 우물에 독을 타서 사람들을 죽이려 한다는 거짓 소문이 퍼지자, 평소 사회적 소수자인 유대인을 향한 감정이 좋지 않았던 주민들은 이를 빌미로 유대인을 박해했다.

반복되는 이상 기후와 그에 따른 피해로 높아진 긴장감과 공포심을 다른 집단에 전가하려는 희생제의는 여기서 그치지 않았다. 16세기 중반부터 17세기 중반까지 유달리 추웠던 100여 년은 '마녀사냥의 시기'로 불린다. 마법을 행사했다는 죄명으로 처형된 이들은 계절을 모르고 내리는 서리, 폭우와 여름철 우박 등의 기상 악화, 질병, 흉작, 물가 폭등의 책임을 뒤집어썼다. 하지만 이 시기는 소빙하기로 이상 기후가 가장 극심하던 때였다.

따라서 기후 변화와 마녀사냥 사이에는 밀접한 상관관계가 있다. 실제로 극심한 기상 악화로 흉작이 들면 대규모 마녀 화형이 진행되었다. 기온이 내려갈수록 마녀재판 횟수가 급증했다. 그래서 마녀사냥은 도시보다 인구 밀도가 낮은 농촌과 산악 지대에서 더 자주 있었다.

기후가 좋지 않으면 외부의 도움을 받을 수 없는 외진 곳일수록 주민들이 살아가기가 더욱 힘들어져 희생양을 찾는 이가 많아졌기 때문이다. 하지만 많은 사람이 억울하게 마녀로 몰려 처형되어도 기후가 나아진 적은 거의 없었다. 마녀사냥은 소빙하기에 발생한 기후 이상의 전형적인 희생양 만들기였다.

## 기후 회복력을 강화하려는 노력

기후 재난에 따른 경제적 어려움, 궁핍한 현실에 대한 심리적 무기력감, 사회적 불안감은 때로 민간 차원의 협력과 연대를 강화했다. 기후 위기를 경험한 16세기 후반 잉글랜드는 어려움에 빠진 이웃들을 위해 부유한 주민들에게 구빈세를 내도록 하는 법률을 제정한 바 있다. 구빈법을 통해 일종의 '사회 연대세'를 도입함으로써 위기에 대처한 것이다.

이처럼 기후 변화와 감염병 유행은 공동체의 결속과 가치를 되살리는 계기가 될 수도 있다. 알베르 카뮈도 소설 『페스트』에서 공동체적 연대 의식으로 감염병 위기를 극복하고자 노력한 이타적 인간 군상을 그렸다.

인류는 기후 변화에 적응함으로써 기후 회복력을 강화하고자 노력했다. 온난기에는 경작지를 넓히고 농업 생산성을 높여 사회와 국가 발전의 토대를 구축했다.

고대 로마 공화정과 제정기의 영토 팽창, 중세 시대 십자군의 군사 정복도 온화한 기후 속에서 진행되었다. 콜로세움과 같은 로마의 거대한 건축물과 중세의 고딕 대성당 건축 역시 최적의 기후 조건이 있었기에 가능했다.

한편에서 마녀사냥이 자행되는 동안에도 네덜란드는 기후 탄력 사회로 들어섰다. 소빙하기에 댐을 쌓아 간척지를 개간하고 농작물을 다양화하는 영농 혁신으로 기상 이변에 대처한 것이다. 네덜란드는 보온성이 뛰어난 모피를 확보하려고 대서양 횡단 무역을 하면서 소빙하기가 절정에 달했던 17세기에 경제 대국으로 성장했다.

물론 기후의 역사에서 '인류는 다양한 기후 변화에 대응하면서 적응해 왔다'라는 교훈을 얻는 데 만족할 수는 없다. 기후 위기에 대해 경각심을 갖고 나아가 공론화해 인간의 활동에서 발생하는 온실가스의 총량인 '탄소 발자국'을 줄이고자 노력해야 한다.

기후 위기로 혼란에 빠지기보다 일상의 작은 실천으로 위기 극복에 힘을 보탤 때 희망찬 미래가 시작된다.

2부

정치 위기 속에서
길을 찾은 역사

# 1장

# 우크라이나 문제의 기원

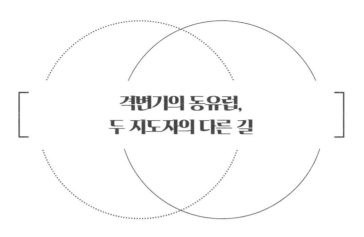

# 격변기의 동유럽, 두 지도자의 다른 길

"혼혈 국가는 국가가 아니다." 빅토르 오르반 헝가리 총리가 2022년 여름에 열린 한 정치 집회에서 인종 차별적 발언을 한 사실이 알려지자 국내외 언론과 정치인들은 그를 거세게 비난했다.

오르반 총리가 이런 말을 한 의도는 2015년부터 시리아 난민들이 유럽에 몰려들어 유럽인이 비유럽인과 뒤섞여 살게 되었다면서 단일 민족인 헝가리인은 혼혈이 되고 싶지 않다는 것이었다.

1998년 서른다섯 살이라는 비교적 젊은 나이에 총리 자리에 오른

오르반은 2010년 재집권한 뒤 2022년 4월 총선에서 압도적 지지로 승리하면서 5회에 걸쳐 헝가리 총리직을 유지하고 있다.

그는 20대부터 정치 일선에서 활동했다. 1963년생인 그는 동유럽 민주주의 혁명이 일어난 1989년 20만 군중 앞에서 소련군 철수와 자유 선거를 요구하는 연설로 유명해진 '민주 투사'였다.

그러던 그가 2010년 자국의 이익을 최우선으로 하는 우파 민족주의자로 180도 변신했다. 서구 민주주의와 자유주의의 열렬한 신봉자로 헝가리를 유럽연합(EU)과 나토(북대서양조약기구)에 가입시키고자 노력했던 그가 극단적 민족주의 노선을 걷기 시작한 것이다.

대외적으로는 친서방 일변도의 기존 노선에서 벗어나 러시아, 중국 등과 손을 잡는 이른바 '동방 정책'(Eastern Opening)을 추진했다. 유럽연합에서 지급되는 보조금의 중요성을 알기에 '휴식트'(Huxit, 헝가리의 유럽연합 탈퇴)는 없을 것으로 보이지만, 동양과 서양의 선착장을 오가는 왕복선과 같은 외교 정책은 지속될 전망이다.

가스 80%와 석유 65%를 러시아에서 수입하며 중국의 자본 투자를 절실히 기대하는 상황에서 오르반 총리는 당분간 서방과 거리를 둔 채 친중·친러 행보를 계속할 것이다.

강대국 세력들이 맞부딪치는 헝가리의 지정학적 위험 요인과 기회 요인을 '중간국 외교 전략'으로 관리하면서 자국 이익을 극대화하려는 실용 노선으로 풀이할 수 있다.

헝가리와 국경을 맞대고 있는 우크라이나의 상황은 사뭇 달라 보인다. 우크라이나는 선사시대부터 동서 교통로의 중심이었다. 게르만족, 훈족, 아바르족 모두 이곳을 거점으로 유라시아의 초원 지대를 넘나들었다. 하지만 유라시아의 '지정학적 중심축'으로 불리는 우크라이나의 중요성 때문에 이곳에 정착한 어떤 정치 세력도 오랫동안 통일 국가를 유지하지 못했다.

'우크라이나'(Ukraine)는 동슬라브어의 u(인근)와 kraina(변경)의 합성어로 '변경 · 접경 지대'(borderlands)라는 의미다. 12세기에 등장한 이 명칭은 1917년 러시아 혁명 이후 세워진 '우크라이나 인민공화국'의 국명으로 채택되었다.

'변경'을 의미하는 일반명사였던 '우크라이나'가 고유명사가 된 것이다. 더 흥미로운 사실은 이때 '우크라이나'가 국가로서 지도상에 처음 등장했다는 것이다.

국명에서부터 지정학적 특징이 드러나듯 우크라이나는 역사적으로 독립된 국가 형태를 길게 유지한 적이 별로 없다. 우크라이나는 역사적으로 주변의 강력한 세력들의 침략과 지배를 받으면서 국제 정세에 따라 이리저리 귀속되었다.

19세기에는 합스부르크 제국과 러시아 제국이 현재의 우크라이나 동부와 서부를 각각 분할 점령했다. 그나마 1917년에 세워진 신생 독립국인 우크라이나 인민공화국도 불과 몇 년 만에 소멸했고 결국 1922년 서쪽은 폴란드, 동쪽은 소련 영토가 되었다.

서유럽과 러시아의 경계에 위치한 지정학적 특수성으로 우크라이나의 역사는 러시아의 영향을 받는 동부와 서유럽의 영향권에 있는 서부로 나뉜 채 전개되었다.

이렇듯 수백 년 동안 계속된 종족적·문화적·종교적 이질감은 우크라이나인의 정체성을 모호하게 만들었다. 동서 차이를 극복하지 못하고 민족 국가를 형성하는 데 실패한 것이다.

1991년 소련 해체와 더불어 독립한 우크라이나의 최대 문제점이자 과제는 여전히 동부 지역과 서부 지역의 대립과 갈등이 심하다는 것이다.

지난 30년간 역대 대통령 선거에서 동과 서가 번갈아 권력을 잡으면서 정치권에서 동과 서의 힘의 균형은 아슬아슬하게 유지되고 있다.

## 우크라이나의 올가, 헝가리의 이슈트반 1세

우크라이나 수도 키이우에는 그리스 정교회의 성인인 올가의 하얀색 대리석 동상이 서 있다. 오늘날의 우크라이나, 벨라루스, 러시아 일대에는 북쪽의 발트해에서 도래한 바이킹들이 현지 슬라브족

우크라이나의 수도 키이우에 세워진 국모 올가의 동상.

들과 함께 882년 키예프 루스 공국을 건립했다.

　945년 공국의 제2대 통치자 이고리 1세가 죽자 그의 부인 올가 대
공비가 어린 아들을 대신해 섭정했다. 남편의 급작스러운 사망으로
국정을 총괄하게 된 올가는 자신의 정치적 판단이 어느 때보다 중요

　　　　　　　　　　　　　　　　　　　　　**역병, 전쟁, 위기의 세계사**

해진 상황에서 신흥 국가의 취약점을 보완하려고 외세에 의존하는 전략을 택했다.

당대 최고 강대국이었던 동로마제국의 힘을 빌리고자 토착 신앙을 포기하고 직접 콘스탄티노폴리스로 가서 그리스 정교회 세례를 받기로 한 것이다. 올가의 개종은 키이우에 그리스 정교회가 전파되는 계기가 되었고, 그의 손자인 블라디미르 1세는 정교회를 국교로 선언했다.

그러나 동로마제국의 황제가 올가와 결혼해 동로마제국의 영향력을 넓히고자 적극적인 구애 전략을 펼치자 올가는 대항 방안이 절실해졌다. 그래서 그녀는 동로마제국에 편향된 의존도를 낮추고자 좀 더 균형 잡힌 외교 전략을 모색했다.

959년 올가는 당시 새롭게 부상하던 서유럽의 신흥 강국 독일 왕국에 사절단을 파견했고, 이들을 접견한 독일의 왕 오토 1세는 키이우에 심복인 아달베르트를 보낸다. 하지만 동로마제국의 견제와 키예프 루스 공국 내부의 반발로 아달베르트는 도망치듯 키이우를 떠나야 했다.

이후 천년이 지난 지금 그와 유사한 일이 우크라이나에서 다시 벌어지고 있다. 우크라이나가 러시아의 영향권에서 벗어나려고 서방의 나토로부터 지원을 받고자 했으나 오히려 러시아의 공세적 정책을 불러오는 결과가 되었기 때문이다.

헝가리의 수도 부다페스트에 있는 '건국의 아버지' 이슈트반 1세의 동상.

강대국 사이에 '끼인 국가'인 지정학적 중추국(pivot state) 우크라이나는 자국 문제를 해결하고자 외세(유럽연합과 나토)에 지나치게 의존함으로써 또 다른 외세(러시아)가 개입하는 빌미를 준 것이다.

이슈트반 1세는 헝가리 왕국을 세운 초대 국왕으로 헝가리 수도 부다페스트에는 그를 기리는 '성 이슈트반 대성당'이 있고 그의 동상도 곳곳에서 볼 수 있다.

그가 지금의 독일 지역을 통치하던 신성로마제국 출신 기젤라와 결혼함으로써 헝가리 왕국은 유럽의 변방에서 경계 너머의 세상으로 나아갈 수 있었다. 또한 이 결혼으로 헝가리와 서유럽 사이의 이주와 교류가 본격화했다.

이슈트반 1세가 1015년경 자기 아들을 위해 작성한 보감(寶鑑)인 '십훈'(十訓)은 왕이 지켜야 할 열 가지 덕목을 정리한 것인데, 이 중 하나가 '이주자들의 환대와 대우'다.

여러 지역 출신인 이주자들은 다양한 언어, 습성, 학식, 군사 기술 등을 가져옴으로써 왕국과 왕실을 이롭게 하지만 단일 언어와 풍습 은 오히려 왕국을 나약하고 쉬이 쇠락하게 할 수 있다.

따라서 이주자들을 현지인과 동등하게 보살피고 그들에게 합당한 직책을 부여하라고 권고한 것이다. 즉 외국인 차별 금지는 헝가리 왕국의 건국 이념이었다.

그렇게 이주자 수가 늘어나고 이들의 사회·정치적 중요성이 커 짐에 따라 그때까지 낙후했던 헝가리 사회는 점차 발전해 안정화 단 계에 접어들었다.

이후에도 중세의 헝가리 왕들은 종교나 종족에 개의치 않고 모 든 이주민을 동일하게 대우하는 관용 정책을 펼쳤다. 하지만 오늘날 '외지에서 온 이주민을 환대하라'는 왕국 건설자의 유훈은 완전히 잊히고 말았다.

## 역사의 가르침을 외면한 지도자들

오르반 총리는 "헝가리는 서방의 진보적 자유주의를 추구하는 대신 러시아나 중국 같은 국가를 모델로 삼아 나아가야 한다"라면서 서구의 영향력에서 벗어나고자 노력하고 있다.

서구, 러시아, 중국이 유라시아 중부 지역에서 벌이는 '뉴 그레이트 게임'(New Great Game) 속에서 오르반 총리가 보여준 균형 정책에 헝가리 유권자들은 기꺼이 표를 던졌다.

그러나 자국의 이익만 극대화하려는 오르반 총리는 '이주민 환대'라는 건국 아버지의 유언을 망각한 나머지 주변 국가로부터 인종주의자라는 비난을 받고 있다.

볼로디미르 젤렌스키 우크라이나 대통령은 국모 올가의 실패를 반면교사 삼아 특정 강대국에 치우치는 선택을 하지 말고 동서로 분단된 자국이 협력적으로 공존하는 방안을 모색해야 할 것이다.

# 가변적 상황에서 다잡아야 할 다중적 정체성

우크라이나 국가는 '우리는 코자크족의 피를 이어받은 형제임을 보여주리라'로 끝난다. 이처럼 오늘날에도 우크라이나인들은 자신들이 용맹한 기마족 코자크의 후예라는 걸 자랑스럽게 생각한다.

오래전 1962년에 상영된 영화 〈대장 부리바〉는 16세기 우크라이나 코자크들의 삶을 보여주는데, 니콜라이 고골이 쓴 『타라스 불바』가 원작이다. 고골 자신은 러시아가 자랑하는 문호이지만 우크라이나 태생으로 코자크계의 조상을 둬서 그에겐 코자크의 피가 흐르고

영화 〈대장 부리바〉(1962). 안드리 불바와 그의 아버지 타라스 불바.

있었다고 한다. 『타라스 불바』는 우크라이나 지역에 정주했던 코자크, 즉 자포르지예 코사크들을 배경으로 한다.


## 영원한 접경, 우크라이나

우크라이나는 9세기에 바이킹인들이 현지 슬라브인들과 함께 건설한 나라다. '우크라이나'라는 말은 '변경·접경 지대'라는 의미다.

역병, 전쟁, 위기의 세계사

우크라이나 지역은 선사시대부터 동서 교통로의 중심에 있었다.

스키티아족, 게르만족, 훈족, 아바르족 모두 이곳을 거점으로 유라시아의 초원 지대를 넘나들었다.

국명에서부터 지정학적 특징이 드러나듯, 우크라이나는 역사적으로 독립된 국가 형태를 길게 유지한 적이 별로 없다. 그나마 이민족인 바이킹인들이 세웠던 키예프 루스 공국이 13세기 몽골의 침략으로 멸망할 때까지 존속할 수 있었다.

몽골의 침략 이후에도 리투아니아 대공국의 지배를 받으면서 이민족의 지배 아래에 있었다. 1569년부턴 폴란드의 영향권으로 편입하면서 국제 정세에 따라 이리저리 귀속되었다. 이처럼 우크라이나 역사의 대부분은 주변 강력한 세력들의 침략과 지배를 받았다.

러시아의 로마노프, 터키의 오스만, 오스트리아의 합스부르크, 프로이센의 호엔촐레른 왕조가 강력한 근대 국가를 형성하던 시기에 이들 사이에 낀 우크라이나는 대외적으로는 독립과 내부적으로는 민족 국가 형성을 위해 고군분투해야만 했다.

이러한 노력에도 불구하고 16~18세기에는 폴란드와 리투아니아가 우크라이나 대부분을 정복했고, 19세기에는 합스부르크 제국과 러시아 제국이 현재의 우크라이나 서부와 동부를 각각 분할 점령했다. 그나마 신생 독립국 우크라이나 인민 공화국(1917~1921)도 불과 몇 년 만에 서쪽은 폴란드, 동쪽은 소련의 영토가 되고 말았다.

서유럽과 러시아의 경계에 있는 지정학적 특수성으로 우크라이나의 역사는 러시아의 영향을 받는 동부와 서유럽의 영향권에 있던 서부로 분리된 채 전개되었다. 수백 년간의 종족적, 문화적, 종교적 이질감은 우크라이나인으로서의 정체성을 모호하게 만들었다.

동서의 차이를 극복하지 못하고 완전한 민족 국가를 형성하는 데 실패한 것이다. 1991년 소련 해체와 더불어 독립한 우크라이나의 최대 문제점이자 과제는 여전히 동과 서의 대립과 갈등이다.

## 코자크, 초경계적 전사 집단

외세의 식민 지배를 받았던 19세기의 우크라이나 지식인들은 자신들의 민족이, 오늘날의 우크라이나 국가에서 잘 드러나듯 자유로운 코자크(러시아어로는 카자크, 우크라이나어로는 코자크)의 후예임을 강조하기 시작했다.

코자크들을 우크라이나 역사의 핵심으로 보고, 우크라이나 역사의 뿌리를 코자크 역사에서 찾고자 했다. 코자크가 민족 정체성을 수호해 온 핵심집단이며 우크라이나 인민들을 결집하는 민족 정체성으로 부활한 것이다.

코자크라는 말 자체가 '자유'를 의미했을 정도로 이들은 러시아

남부와 우크라이나 일대를 자유롭게 넘나들던 초경계적 전사 집단이었다.

제정 러시아 시대에는 돈(Don)강 유역의 코자크 기마대가 시베리아와 극동의 연해주까지 러시아 영토 팽창의 전위부대로 활동하기도 했다. 1860년대 이후에는 수십 명의 코자크들이 두만강을 넘어 함경북도 지역까지 와서 교역을 요구했을 정도다.

이처럼 유라시아 대평원의 초원길을 돌아다니던 코자크들 중 일부가 16세기 후반부터 우크라이나 드네프르강 연안의 자포르지예(Zaporozh'e)라는 변경 지대에 정주했다. 자포로지예의 'Za-'는 동슬라브어로 '-너머'를 의미하는 전치사이며, 'Porog'는 물살이 빠른 '급류'를 의미한다.

드네프르강 '급류 넘어' 변경 지대의 오지에 정착한 코자크들은 폴란드-리투아니아가 진행한 농노화에 저항하고 탈출한 농노들과 합세해 농민전사 국가인 코자크 헤트만(Hetman) 국가를 형성했다. 이른바 강대국들의 사이 공간(In-between space), 즉 접경 공간에서 새로운 정치 체제가 등장한 것이다.

두 왕국이 결합하면서 동유럽의 초강대국으로 등장한 폴란드-리투아니아 연방이 코자크들을 차별대우하고, 정교 신자인 그들을 가톨릭으로 개종시키려 들자 코자크들은 봉기를 일으켰다. 그러나 혼자의 힘만으로는 역부족임을 절감하고 동쪽의 모스크바 공국에 도

일리아 레핀의 〈자포로지예 코자크〉.

움을 청한다.

후대의 우크라이나 역사가들은 독실한 정교 신자이자 슬라브인들이었던 코자크족이 자신들의 자유와 종교문화적 순수성을 지키고자 1654년에 러시아의 차르와 '동등한' 자격으로 협정(페레야슬라프 조약)을 맺었다고 주장한다.

그러나 유목민 집단이 그러하듯 우크라이나에 정주한 코자크들 역시 다종족적 집단이었다. 19세기 이후 우크라이나 역사가들의 주장처럼 순수한 슬라브인들로만 구성되지 않았다.

따라서 이들이 정교를 신봉하고 우크라이나어만 사용한 우크라이나의 수호자였다고 주장하는 건 역사의 지나친 단순화다.

19세기 후반에 자포로지예 코자크를 그린 작품을 보면, 이들의 외모를 통해 출신지가 다양한 집단이었다는 걸 알 수 있다. 이들이 입고 있는 옷 모양 역시 다양했는데, 전통 복장일 수도 있지만 이들이 노략질했던 장소가 여러 곳이었다는 걸 암시한다. 사실 이들은 폭력적인 약탈자였고 보수만 적당하면 누구에게나 봉사했던 용병과 같았다.

1621년 우크라이나 서남부에 있는 호틴에서 벌어진 전투에 출전한 코자크 전사들은 폴란드-리투아니아 연방과 함께 오스만-타타르 군대에 대항해 싸우기도 했다. 열두 개 연대로 구성된 4만 명에 달하는 코자크 군대가 참전했다.

자포로지예 코자크들은 크림 반도의 타타르인들과 협력해 폴란드 영토를 침략하고 포로로 데려온 이들을 노예로 팔기도 했다. 1500년에서 1700년 사이에 러시아와 폴란드-리투아니아 지역에서만 200만 명 이상의 사람들이 노예로 잡혀 왔다고 한다.


## 다중적 주체들이 교차적으로 얽혀있는 삶

코자크 사회를 보는 시선은 상이하다. 혹자는 자유·평등·민주를 추구했던 집단이라 했고 혹자는 약탈을 일삼는 도적 무리로 봤

1867년의 작품 〈호틴 전투〉. 백마 탄 사람이 폴란드-리투아니아 연방의 얀 카롤 코드키에비츠 사령관이다.

다. 확실한 건 이들이 중심에서 떨어진 주변에서 성장했다는 사실이다. 다종다양한 문화와 가치가 경쟁하고 공명하는 접경 공간에서 경계인으로 살았던 이들은 권력의 틈바구니에서 조우 · 저항 · 교섭 · 변용의 모습들을 보여줬다.

이들은 변경 지대였던 우크라이나의 드네프르강 '급류 넘어' 오지를 변화와 역동의 공간으로 만들었다. 하지만 19세기의 우크라이나 민족주의자들이 다종족적이고 다문화적이었던 코사크의 혼종적 공간을 민족사의 프리즘으로 해석하면서, 정교와 슬라브 정체성이라는 단일 색으로 채색하기 시작했다.

코자크들이 거주했던 자포로지예 지역은 전쟁과 상호 의존, 편견과 실용주의, 배제와 관용이 뒤엉킨 역사의 공간이기도 했다. 이곳은 종족적 증오가 판을 치는 공간인 동시에 실용주의와 현실주의가 발아하고 성장하는 접경 공간이었다.

이곳의 주민들은 이성과 광기를 끊임없이 실험하면서 현실과 타협해 나갔다.

우크라이나는 역사적으로나 문화적으로 변경·접경 지대의 일반적인 특징을 보여왔다. 즉 다중적 주체들이 교차적으로 서로 얽혀있는 삶, 러시아어와 우크라이나어의 이중 언어(bilingualism) 사용, 로마 교황청의 권위를 인정하는 독자적인 우니아트 교회(Uniate Church)와 우크라이나 정교회의 공존과 같은 종교와 문화적 다양성, 코자크 집단이 보여준 정치적 합종연횡과 이합집산, 외세에 대한 저항과 경계들에 따라 형성된 다양한 가치들이 하나로 수렴되는 현상이 그것이다.

경계의 모호함이 종식되고 여백이 없어지는 순간 그곳은 더 이상 '사이 공간'이 아니다. 경계 지대는 빨강, 파랑, 노랑의 삼원색이 혼합된 회색 지대로, 양자택일의 논리로부터 벗어난 균형감각이 살아있는 반성적 평형과 두터운 정체성 그리고 가치들 사이에서 공공선을 추구하는 중첩적 합의가 이뤄지는 곳이다. 따라서 다원주의가 배척될 때 공존과 포용의 공간인 경계 지대는 소멸된다.

17세기 크림 반도(현재 러시아에 병합된 지역) 남부에 위치한 오스만 제국의 영토(페오도시아 / 카파)를 공격하는 자포로지예 코자크. 당시 이곳은 흑해의 중요한 교역 거점으로 노예 무역의 중심지이기도 했다.

우크라이나에는 여전히 동부 지역과 서부 지역의 대립과 갈등이 심각하다. 영원한 접경 국가인 우크라이나는 동서로 분단된 자국이 협력적으로 공존하는 방안을 모색해야 할 것이다.

그들이 자랑스럽게 생각하는 코사크들처럼 가변적인 상황 속에서

역병, 전쟁, 위기의 세계사

도 다중적 정체성에 혼란을 느끼지 않았으면 한다. 우크라이나 지역 출신의 고골 역시 서유럽과 러시아, 우크라이나와 러시아라는 중심과 주변의 경계에서 유목민적 삶을 살면서 자신의 정체성을 다져나 갔기 때문에 러시아의 대문호가 될 수 있었던 것이다.

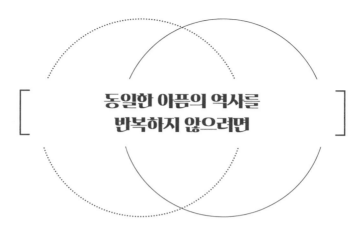

# 동일한 아픔의 역사를
# 반복하지 않으려면

2022년 2월 발생한 러시아-우크라이나 전쟁이 3년 가까이 지났지만 여전히 전쟁의 끝은 보이지 않고 있다. 양측에서 수십만 명의 사상자가 생겼고, 전쟁을 피해 국경을 넘어 다른 국가로 간 우크라이나 난민이 800만 명에 이르며 이 중 86%는 여성과 어린아이들이다. 우크라이나를 벗어나지 않았지만 고향을 떠난 실향민도 650만여 명에 달한다. 총 1,450만여 명이 객지에서 떠도는 신세가 된 것이다. 무엇보다도 이 전쟁은 제2차 세계대전 이후 유럽 내에서 처음으

역병, 전쟁, 위기의 세계사

로 일어난 침략 전쟁이기에 전 세계의 이목이 집중되고 있다.

우크라이나 동부 돈바스 지역을 점령한 러시아는 이 지역을 쉽게 포기하지 않을 것 같다. 남한의 절반 정도 크기인 돈바스 지역은 우크라이나 전체 국토(60만 *km²*)의 9% 규모이고 인구는 620만 명으로 우크라이나 전체 인구의 7%를 차지한다.

이 지역은 역사와 문화적으로도 독특한 배경을 갖고 있다. 서부 우크라이나 사람들은 우크라이나어를 사용하지만, 러시아와 국경을 접하고 있는 동부는 대부분 러시아어를 공용어로 사용하고 정교 신자가 압도적으로 많다.

반면에 폴란드 · 슬로바키아 · 헝가리와 국경을 맞대고 있는 우크라이나 서부 갈리치아(Galicia) 지역의 주민 대부분은 우크라이나 정교의 의식과 교리를 준수하면서도 로마 교황의 권위를 인정하는 독자적인 우니아트 교회 신자다.

사실 서부 우크라이나 지역이 동부 우크라이나와 통일되어 오늘날의 우크라이나 모습을 갖춘 건 제2차 세계대전 이후로 비교적 최근의 일이다.

우크라이나는 이처럼 두 개의 상이한 문화로 나뉜 단절국이다. 수도 키이우를 가로질러 흑해로 흐르는 드네프르강을 경계로, 서구 문명과 정교 문명의 단층선이 몇 세기째 우크라이나의 심장부를 관통하고 있다.

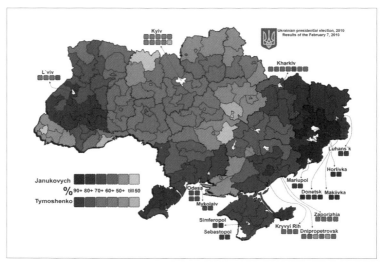

2010년 우크라이나 대통령 선거에서 친러 성향의 빅토르 페도로비치 야누코비치가 동부 지역에서 절대다수표를 획득하면서 승리했다. 1991년 소련 해체와 더불어 독립한 우크라이나의 최대 문제점이자 과제는 여전히 동과 서의 대립과 갈등이다. 지난 30년간 역대 대통령 선거에서 동과 서가 번갈아 권력을 잡으면서 정치권의 동-서 힘의 균형은 아슬아슬했다.

러시아가 이 지역을 놓치지 않으려는 이유는 무엇보다도 이곳이 러시아와 국경을 접하고 있는 국경 지대이기 때문이다. 이러한 이유로 인접 국가인 우크라이나가 나토 가입 논의를 본격화하자 러시아가 강력히 반발하고 나선 것이다.

러시아가 돈바스 지역을 원하는 이유에는 경제적인 면도 있다. 돈바스는 석탄 탄광과 철강 공장 등이 밀집해 있는 중공업 지역이기 때문이다. 돈바스라는 지명도 이곳을 흐르는 도네츠강과 석탄 분지라는 단어들이 축약된 혼성어다.

전략적으로도 이곳은 2014년에 러시아가 강제 병합한 크림반도를 연결하는 랜드브리지(land bridge)이기 때문에 더욱 중요하다.


## 슈만 플랜, 초국가주의적 통합 모델

돈바스를 우크라이나 혹은 러시아 중 누가 차지하더라고 상대방은 지속적으로 헛통증 또는 환상 통증인 팬텀 페인(phantom pain)에 시달릴 것이다. 신체 부위가 더 이상 존재하지 않는 상태임에도 아직 있는 것처럼 느껴지고 통증을 경험하는 걸 말하는데, 많은 나라가 전쟁으로 국토를 빼앗긴 뒤에 영토 상실 환상 통증에 시달려 왔다.

대표적인 사례가 독일과 프랑스의 국경 지대에 위치한 알자스-로렌이다. 이 지역은 석탄과 철 매장량이 풍부해 프랑스 철광석의 90%가 매장되어 있다고 한다. '철(鐵)의 전쟁'이라 할 정도로 독일과 프랑스는 한 세기 동안 이곳을 뺏고 빼앗기는 전쟁도 불사했다.

제2차 세계대전은 전 세계적으로 약 5,500만 명의 사망자를 초래했다. 유럽의 석탄과 철은 전쟁의 원인이자 동시에 가용자원으로 활용하면서 전쟁을 수행했다.

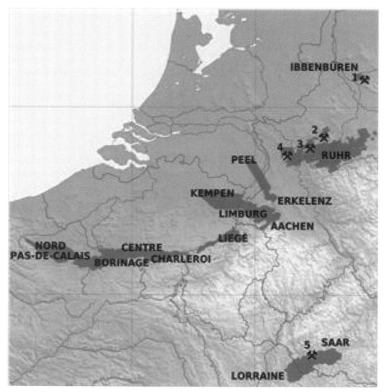

유럽의 철과 석탄의 주요 산지는 프랑스·벨기에·독일의 국경 지대에 밀집되어 있었다. 독일의 루르·자르 지방, 프랑스의 알자스-로렌 지방, 벨기에의 양질의 풍부한 석탄과 철광산은 유럽 산업화의 원동력이자 전쟁의 목적이 되었다.

그래서 제2차 세계대전 이후 전쟁을 억제하기 위해선 석탄과 광산 지대를 감시하고 통제해야만 한다는 인식이 대두되었다.

슈만 플랜은 전후 절망적인 상황에 놓인 유럽을 위기로부터 구원

         역병, 전쟁, 위기의 세계사

하는 해결책이었다. 당시 프랑스의 외무부 장관이었던 로베르 슈만의 제안은 유럽의 석탄·철강 산업을 통합적으로 관리하는 초국가주의(supranationalism)적 모델이었다.

프랑스와 독일에서 생산되는 석탄과 철을 하나의 조직에 의해 통합해서 공동관리하자는 슈만 선언(Schuman Declaration)으로, 프랑스·서독·이탈리아·베네룩스 3국이 가입했다. 그렇게 1951년에 유럽석탄철강공동체가 탄생했다.

새로운 유형의 초국가적 에너지 협력 기구였던 유럽석탄철강공동체는 회원국으로부터 이양 받은 기능을 융합해 회원국 공동의 이익을 위해 정책을 입안하고 실행했다. 서유럽의 국경 지대에 산재해 있던 자원을 공동으로 관리하려는 국경 정책의 일환이었다.

유럽석탄철강공동체의 제안자인 슈만 자신도 룩셈부르크 출신의 어머니와 엘자스-로트링겐(알자스-로렌) 출신의 독일인 아버지 사이에서 태어났다. 그가 태어난 룩셈부르크 자체가 프랑스-독일-벨기에로 둘러싸인 접경 공간이었다.

제1차 세계대전에선 독일군으로 복무했으나 이후 프랑스에 귀화했고 종전 이후 프랑스로 편입된 로렌에서 법률가로 활동했다. 그의 이러한 다국적·접경적 배경이 그를 유럽통합주의자로 만들었던 것이다.

## 동일한 아픔의 역사를 반복하지 않으려면

러시아-우크라이나 전쟁은 동유럽에서 분노와 증오의 블랙홀이 되었다. 과거 독일과 프랑스도 두 나라 사이에 위치한 국경 지대인 알자스-로렌을 두고 무력 분쟁을 벌였고 네 번에 걸쳐 영유권이 변경되었다.

동일한 아픔의 역사를 반복하지 않으려면 러시아와 우크라이나는 국경 지대를 공공재(public goods) 혹은 공동자원(commons)으로 생각하고 상생의 길을 모색해야 할 것이다.

이를 위해선 유럽석탄철강공동체와 같이 초국가적인 공동체적 관리 기구를 구성해 돈바스 지역과 그곳의 자원을 함께 자치관리하는 방법도 고려해 볼 만하다.

아홉 명으로 구성된 유럽석탄철강공동체의 최고 의사결정기구인 고등관리청은 회원국 정부로부터 독립적인 지위를 가지며 자율성을 바탕으로 공동체 전체의 이익을 도모했다. 초국적 형태의 고등관리청은 공동체 회원국들에 대한 감시와 제재로 석탄과 철이라는 공동자원을 효율적으로 관리했던 것이다.

엘리너 오스트롬의 제안처럼 공동체적 해결 방식도 가능하다. 돈바스 지역 공동체가 공유자원의 관리 문제를 자체적으로 해결하는 방안이다. 중앙정부가 개입해 규제하거나 사유화해 개인이 관리하

알자스-로렌, 프랑스 북부 지방, 자르, 루르, 룩셈부르크, 벨기에, 네덜란드 남부 지역은 석탄과 철의 매장량이 풍부한 산업의 삼각지대(industrial triangle)였다.

는 전통적·이분법적 해법이 아니라 공유자원이 공동체의 협력과 자치 관리로 운영되는 방법이다.

공동체 구성원의 호혜성에 바탕을 둔 이러한 집합행동(collective action)은 타인과의 협력이 자신에게도 유리하다는 걸 전제로 한다. 버트런드 러셀은 "인류를 구원할 건 협력이다"라고 했다.

러시아-우크라이나 전쟁이 어떻게 종식될지 예측하기 어렵지만 언젠가는 끝날 것이다. 러시아와 우크라이나는 비극을 더욱 증폭하지 않으려는 다양한 방법을 고민해야 할 것이다.

국경 지대의 자원을 관련 국가들이 공동관리했던 유럽석탄철강공동체의 사례 혹은 오스트롬의 지역 공동체적 해법을 준용해 검토하는 것도 나쁘지 않으리라.

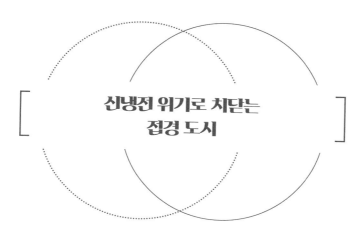

# 신냉전 위기로 치닫는 접경 도시

칼리닌그라드는 러시아의 영토지만 러시아 국경에서 $500km$ 넘게 뚝 떨어져 있는 월경지(越境地)로 발트해와 폴란드·리투아니아 사이에 갇혀 있는 고립된 '육지의 섬'과 같다.

면적은 충청남도와 충청북도를 합친 정도이고 인구는 100만 명인 이곳은 러시아의 가장 서쪽에 있는—그래서 러시아 입장에선 서유럽과 직면하고 있는—영토이자 흑해 크림반도와 함께 유일하게 겨울에 얼지 않는 부동항이다.

칼리닌그라드는 이러한 지정학적 위치 못지않게 독특한 이주의 역사를 갖고 있다. 그 역사는 때로는 희망의 순간이었지만 때로는 무자비한 비극으로 아로새겨졌다.

칼리닌그라드는 중세 시대에 독일인들이 이주해 개척했던 '쾨니히스베르크'로 불린 곳으로 제2차 세계대전의 승전국인 소련이 빼앗아 발트함대의 본거지로 삼았다.

그 결과, 700년 동안 이곳에서 살던 250만 명의 독일인들 중에서 50만 명은 전쟁과 추방 과정에서 사망했고 나머지 200만 명은 고향을 등지고 독일로 귀향 아닌 귀향을 해야만 했다.

18세기 독일인 철학자 임마누엘 칸트는 지금은 러시아의 땅이지만 한때는 독일의 영토였던 쾨니히스베르크에서 태어나 한평생을 살았다. 하지만 그가 살던 당시에 이곳은 독일도 러시아도 아닌 프로이센으로 불리던 곳이었다.


## 정복의 땅, 이주의 도시

지중해와 더불어 유럽의 대표적인 내해인 발트해는 호수처럼 보이지만 육지로 둘러싸여 있고 좁은 해협으로 다른 바다와 연결된 바다다.

북유럽의 발트해는 지리적으로 스웨덴·덴마크·독일·폴란드·러시아·핀란드 등에 둘러싸여 있다. 해협을 통해 북해, 대서양과 연결되어 있고 교역으로 대서양 너머 아메리카 대륙과도 밀접한 관련을 맺고 있다.

규모나 모양새에 있어서 대서양이나 인도양 등의 대양과 비교해 보면 '갇힌 바다' 정도로 보일 수 있지만, 지중해와 발트해는 수많은 땅과 사람들을 아우르면서 보듬고 키워준 '유럽의 어머니' 같은 존재다. 역사적으로 발트해는 다양한 인종과 전통이 공존했던 문화유산의 보고이자 문명을 실어 나르는 해상 고속도로이기도 했다.

본격적인 정복과 이주는 이교도였던 발트해 연안에 거주하던 프로이센 원주민들을 상대로 선교와 '북방 십자군 전쟁'을 벌이면서 시작되었다.

1255년 독일기사단은 발트해 연안에 요새를 건설하고, 전쟁을 지원한 보헤미아 국왕 오타카르 2세를 기려 독일어로 '왕의 산'이라는 의미인 쾨니히스베르크라고 이름 지었다.

이 과정에서 프로이센 사람들은 쫓겨나거나 복속했고, 그 자리에 신성로마제국의 사람들과 폴란드인들이 대거 이주해와 정착했다. 겨울에도 그다지 춥지 않은 온화한 기후와 곡창 지대였던 이곳은 14세기에 한자(Hansa) 무역동맹의 중심 도시로 번성했다.

발트해를 둘러싼 다양한 인종과 언어, 문화가 쾨니히스베르크 항

발트해에 인접한 러시아의 역외 영토 칼리닌그라드. 러시아의 전략적 요충지이지만 인근
국가들이 모두 나토에 가입하면서 사면초가의 위기에 처했다.

구로 모여들었다.

16세기 종교개혁 시대에는 개신교의 거점으로 폴란드 등 인근 가
톨릭 국가로부터 박해를 받던 신교도들의 피난처가 되었고, 경제적
인 이유로 유대인들의 정착도 허락되었다.

유대인이자 20세기 대표적인 정치철학자인 한나 아렌트도 유년

역병, 전쟁, 위기의 세계사

기와 청소년기를 칸트의 고향인 쾨니히스베르크에서 보냈다. 그녀
는 '고향 선배'인 칸트의 패러다임에 크게 의존했고 칸트는 아렌트
정치사상의 지렛대였다. 쾨니히스베르크의 항구성이 그곳을 다양한
사람과 지식 그리고 정보가 만나는 접경 지대로 만든 것이다.

전 세계 두 번째의 개신교 대학인 알베르투스대학이 설립되어 교
육의 중심지이자 인쇄업의 중심지로서 독일어, 폴란드어, 리투아니
아어로 개신교 서적들을 출간해 동유럽 개신교 전파에 기여하기도
했다. 접경성은 힘의 근원이자 창조의 근원이다.

## 칸트의 세계지가 형성된 과정

칸트는 쾨니히스베르크에서 태어나 평생을 살았다. 고향을 떠나
세상 밖으로 나가본 적이 없다. 프로이센의 다른 지역 대학교에서
교수직을 제안해왔을 때도 마다하고 고향에 머물렀다. 18세기 지식
인들 사이에서 여행은 지적 순례이자 관행이었기에 칸트의 이러한
생활 습관은 예외적이었다.

그렇다면 박학다식했던 칸트의 '세계지(Weltkenntnis)'는 어떻게 형
성되었을까? 그는 대학에서 평생 자연지리학과 인류학을 강의하고
「다양한 인종에 대하여」(1775)와 같은 글을 썼다.

인도인, 아메리카 인디언과 아프리카 흑인들에 대한 실용적인 지식은 스웨덴의 식물학자 칼 폰 린네, 프랑스의 철학자 조르주루이 르클레르(뷔퐁 백작), 프랑스의 수학자 피에르 루이 모페르튀이의 저작들로 습득했다.

엄청난 독서광이었던 칸트는 주로 유럽인들의 여행기를 읽었고 프랑스의 법률가 몽테스키외, 잉글랜드의 정치사상가 존 로크 혹은 식물학자 칼 폰 린네와 스코틀랜드의 계몽주의 사상가 데이비드 흄과 같은 사람의 저작으로 세계를 이해했다.

칸트의 인종 이론은 18세기 여행 정보에 기록된 부풀려진 내용들에 대한 고찰이었다. 그는 여행을 하는 대신 기행문을 읽는 걸 선호했다.

그의 또 다른 지식의 원천은 쾨니히스베르크의 사교 모임이었다. "학문 활동은 생활의 절반만 차지했고 나머지 절반은 사회 활동으로 채워졌다"라고 할 정도로 그는 매우 사교적인 인물이었다. 사교 모임, 담론과 우호적인 토론 참여를 적극적으로 권장하면서 사교를 멀리하는 사람은 '인간혐오적이며 거칠게' 된다고 했다.

쾨니히스베르크는 발트해의 국제적인 항구도시로 유럽 각지에서 사람들이 모여들었다. 칸트의 절친 중 한 명인 로버트 머더비는 잉글랜드 출신의 부유한 상인으로 칸트는 그의 저택에서 열린 사교 모임의 주요 멤버였다.

'계몽의 세기'였던 당시, 대상인들은 지적 관심과 과시적인 이유로 수백 권에서 1천 권 이상의 도서를 보유하곤 했다. 상업 관련 서적 외에도 법학·신학·문학·역사·철학과 키케로·오비디우스 등 고전 작가들의 작품, 뷔퐁을 비롯한 과학책이 서가를 채웠다. 제임스 쿡 선장의 『항해기』, 조너선 스위프트의 『걸리버 여행기』도 소장 목록에서 빠지지 않는 인기 도서였다.

한 곳에만 평생 머물렀던 학자 칸트에게 사교 모임은 다양한 형태로 지식을 접할 수 있는 좋은 기회였다.

칸트가 매일 걸었던 산책로는 도시 생활을 경험할 수 있는 길이었다. 행정 중심지인 쾨니히스베르크성부터 선원들이 있는 항구까지 걸어가면서 그는 여러 부류의 사람들을 만났다.

그는 산책하며 다양한 사회 계층의 사람들을 접촉하고 그들과 함께 근처의 서민적인 식당에서 점심 식사를 하면서 이야기를 나눴을 것이다.

칸트는 대서양 무역으로 아메리카에서 수입된 커피와 담배만 즐겼던 게 아니고, 항구도시 쾨니히스베르크로 유입되는 세계에 대한 지식과 정보도 적극적으로 받아들였다.

그는 평생 고향을 떠나지 않았지만 문을 두드리는 타인을 환대해 줄 준비가 되어 있었다. 집 안에서도 집 밖의 소식을 들을 수 있었던 것이다.

## 항구의 문지방이 갖는 의미

육지는 가로막지만 바다는 잇는다. 칸트가 산책했던 쾨니히스베르크의 항구는 세계의 문물이 유입되던 접경 지대였다. 이곳에서 사람들은 환대를 받았다.

칸트는 '환대의 권리'를 말한 바 있다. "사람들은 지표면 위에 무한정하게 산재해 있을 수 없으며, 따라서 결국 타인의 출현을 받아들이지 않을 수 없기 때문에 모든 사람은 환대의 권리를 가진다."

바꿔 말하면 인간은 누구나 자기 땅에 들어온 외지인을 환대할 의무가 있다는 것이다. 정치는 이러한 인간의 권리에 무릎을 꿇어야 한다는 말이다.

항구는 선린과 교류의 공간이다. 쾨니히스베르크는 경계 짓기와 경계 넘기가 끊임없이 반복되었지만 독일인, 폴란드인, 리투아니아인들의 역동적인 삶터였다.

한자동맹의 선박들, 스코틀랜드와 잉글랜드의 상인들은 상품과 정보를 가져왔고 유럽과 세계 곳곳의 온갖 정보와 소식들은 칸트의 세계관을 형성하는 데 기여했다.

항구도시는 문지방과 같은 경계 공간으로, 넘어갈 때는 어정쩡하고 불확실한 상태에 머무르지만 서로 다른 세계들이 만나고 새로운 세상으로 넘어가는 공간이기도 하다.

그래서 물리적 공간인 항구도시는 전이 혹은 이행 의례(rites of transition)를 경험하는 정신적 변화의 공간이기도 하다. 이러한 이유로 발터 벤야민은 문지방을 '변화와 이행의 영역이요 역동적인 중간지대'라고 불렀다.

칸트는 배타적인 자국이기주의에 기초한 '민족주의의 망상'(Nationalwahn)을 일축하는 대신 열린 세계시민적 애국주의를 말했다. 그는 타민족을 향해 개방적 지향성을 추구하는 열린 민족주의를 강조하면서 국가들 간의 평화로운 공존의 길을 찾아야 한다고 역설했다.

항구도시라는 쾨니히스베르크의 경계성·개방성·통로성이 칸트의 세계시민사회에 대한 이론을 정립 가능하게 했던 것이다.

루마니아 출신의 종교신화학자 미르체아 엘리아데는 그의 저서 『성과 속』에서 문지방을 "두 세계를 구분하고 분리하는 한계이자 경계선이고 국경인 동시에 그러한 세계들이 서로 만나고 소통하는 역설적인 장소"라고 말한다.

문지방과 문은 한 공간에서 다른 공간으로의 이행의 장소이자 상징이며 매개자이고 '공간 연속성의 단절'을 보여준다. 즉 속세에서 성스러운 세계로 이행하는 신비한 공간이라는 의미다. 그래서 세계 곳곳에서 집의 문지방을 넘어갈 때는 다양한 의례가 행해진다.

그 방식은 경건한 몸과 마음으로 문지방을 향해 절을 하거나 엎

1959년 쾨니히스베르크의 성을 파괴하고 있는 장면.

드리거나 손을 대는 등 여러 가지가 있다. 사람들은 문지방에는 외적의 침입이 있을 뿐 아니라 악마나 페스트와 같은 질병을 가져오는 힘의 침입을 방지하는 수호신 혹은 수호령이 거주한다고 믿었다. 그래서 문지방 위에서 수호신에게 공물을 바치는 경우도 있다.

항구도시는 수렴과 확산의 접경지이자 낯설고 두려운 것이 조심스럽게 검역되고 통관되는 정화의 장소이기도 하다.

## 쾨니히스베르크에서 칼리닌그라드로

독일 영토였던 쾨니히스베르크는 1945년 제2차 세계대전이 끝나고 소련으로 넘어갔다. 소련은 1946년 세상을 떠난 소련의 정치가 미하일 칼리닌의 이름에서 따서 쾨니히스베르크를 칼리닌그라드로 개칭하고 이곳을 새로운 소비에트 도시로 건설하고자 했다.

이 과정에서 프로이센 군국주의의 중심지였던 쾨니히스베르크의 역사와 유산은 철저하게 부정되고 청산되어야 했다. 독일 군국주의와 파시즘의 과거를 지우며 도시 경관을 소비에트식으로 개편하고자 프로이센 건축물의 특징인 붉은 벽돌로 만들어진 옛 독일기사단의 성과 건물, 기념비들은 파괴되거나 방치되어 폐허가 되어 사라져 버렸다.

파괴된 옛 성터에는 사회주의의 랜드마크인 120미터 높이의 '소비에트 전당' 건설이 추진되었다. 도시의 거리 이름도 러시아 분위기가 나는 이름으로 바뀌었고, 도심 한복판의 카이저 빌헬름 광장이나 아돌프 히틀러 광장 같은 프로이센 및 나치식 명칭들은 각각 자유 광장, 승리 광장으로 이름이 바뀌었다. 빌헬름 황제와 비스마르크의 동상들은 어디론가 자취를 감췄다.

독일인들이 추방되고 소련 본토 곳곳에서 강제 이주가 진행되기도 했다. 그러나 소비에트 도시 칼리닌그라드 개발 프로젝트는 소기

1990년 재건립된 칼리닌그라드의 성당.

의 목적을 달성하지 못했다. 전후 복구 사업과 경제 회복이 우선시
되면서, 파괴된 쾨니히스베르크 성터에 건립되던 '소비에트 전당'도
1990년에 건설이 중단되고 방치되어 도시 경관을 해치는 흉물이 되
어버린 것이다. 결국 이 건물은 2024년 여름에 완전히 철거되었다.

최근에는 쾨니히스베르크 시절의 유서 깊은 건축물들이 새롭게

보수되고 쾨니히스베르크 성당 옆에 있는 칸트의 묘지도 잘 관리된다고 한다. 항구의 옛 거리들 역시 깨끗하게 정비되면서 과거의 활기찬 모습이 많이 회복된 듯하다.

쾨니히스베르크-칼리닌그라드는 발트해 선주민 프로이센, 독일 기사단, 폴란드와 리투아니아의 종교적 난민들, 유대인, 잉글랜드 상인들, 브란덴부르크-프로이센 제국, 히틀러 제국, 소비에트연방(소련)의 중층적이고 다면적인 역사가 섞여 있는 곳이다.

2022년 러시아의 우크라이나 침공 이후, 중립 노선을 지키던 스웨덴과 핀란드가 나토 가입을 신청하면서 러시아를 제외한 발트해 연안 8국 모두가 나토 회원국이 되어 '나토의 내해'로 변해가는 모양새다.

이러한 지정학적 변화로 발트해 지역은 서방 대 러시아의 경계가 생기고 '신냉전' 상태로 치닫는 듯하다. 러시아의 우크라이나 침공으로 동유럽과 발트해의 긴장감이 한층 고조되었지만, 칼리닌그라드가 평화로운 접경 도시로서 옛 모습을 되찾았으면 하는 바람이 간절하다.

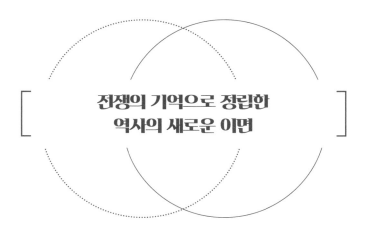

전쟁의 기억으로 정립한
역사의 새로운 이면

2022년 2월 24일 새벽 러시아가 우크라이나를 침공했다. 침공 당일에 블라디미르 푸틴 러시아 대통령은 대국민 담화를 발표했다. 그는 선전포고와도 같은 연설에서 러시아의 '특별군사작전'이 서방의 위협으로부터 러시아의 주권을 보호하려는 자위권 행사임을 역설했다. 30여 분간 진행된 연설에서 그가 말하고자 한 핵심 내용은 서방의 지속적 '위협'과 그에 따른 자국의 '희생과 손실'이었다.

그의 마음속에는 러시아가 나토를 필두로 한 서방의 세력 확장에 제대로 대응하지 못하고 당해만 왔다는 피해의식이 짙게 깔린 듯했다. 그는 1941년 소련이 나치 독일의 침공을 당한 사례를 들면서 다시는 외세의 러시아 영토 침입을 허용하지 않겠다고 으름장을 놓았다. 무방비로 침공당해 수천만 명이 희생된 역사적 실수를 반복하지 않으려 방어 차원에서 우크라이나를 침공했다고 강조한 것이다.

## 넵스키, 블라디미르 대공, 이반 4세, 표트르 대제까지

푸틴의 전쟁 옹호론 이면에는 오래전부터 치밀하게 준비한 이데올로기 전쟁이 자리 잡고 있다. 푸틴은 우크라이나 침략을 앞둔 2021년 9월 러시아 프스코프에서 중세 러시아의 구국 영웅인 알렉산드르 넵스키의 기념비 제막식에 참석했다.

넵스키는 프스코프에서 멀지 않은 곳에서 스웨덴과 독일 기사단의 침략을 막아 낸 지도자다. 오랜 기간 역사적 기억에서 사라졌던 인물인데, 푸틴이 '조국의 위대한 아들'로 칭송하면서 그에 대한 기억이 소환된 것이다.

이날 기념 연설에서 푸틴은 넵스키를 외세의 침략에 대항해 조국을 지킨 사령관이자 통치자라고 여러 차례 찬양했다. 기념비 건립 구상이 2021년 5월 공론화되고 같은 해 9월 기념비가 세워졌으니

러시아 정교회의 성인 알렉산드르 넵스키의 성화. 넵스키는 1547년 이반 4세의 시대에 시성되었고, 그의 유해는 표트르 대제의 지시로 상트페테르부르크로 옮겨졌다. 2022년 러시아가 점령한 우크라이나 마리우폴에는 넵스키의 동상이 서둘러 건립되었다.

모든 절차가 속전속결로 진행되었다고 할 수 있다.

러시아 정부와 친정부 성향의 언론은 우크라이나 침공 전부터 푸틴을 넵스키의 화신으로 여기게 하려는 역사 만들기 작업에 돌입했다. 2023년 9월에는 우크라이나에서 빼앗은 마리우폴에 넵스키 동상을 건립했다.

격렬한 전투로 폐허가 된 도시에 그의 동상을 서둘러 세운 이유는 간단하다. 특수군사작전을 수행 중인 푸틴도 넵스키가 그랬듯 외세의 침략으로부터 러시아를 수호하고자 했다는 걸 보여주고 싶었던 것이다. 이제 푸틴은 스스로 넵스키와 더불어 적의 침공으로부터 조국을 지킨 구국 영웅의 반열에 올랐다.

러시아는 전통적으로 '서구 공포증'(Zapadophobia)이라는 역사적 콤플렉스를 가지고 있다. 큰 강이나 산과 같은 자연 방벽이 없어 서유럽과 평원지대로 연결된 러시아는 19세기와 20세기에 각각 프랑스와 독일의 침략을 받아 '지리적 저주'를 경험했다.

그래서 취약한 지정학적 위치가 안보에 심각한 위해를 가할 수 있다는 '안보 강박증'에 시달리고, 결국 국가와 안보 이익을 위해 '공격이 최선의 방어'인 정책을 택했다. 푸틴은 자국 안보를 위협하는 서구의 팽창에 무력으로 대항한 넵스키에게서 역사적 교훈을 얻고자 한 것이다.

푸틴식 역사 만들기와 기념비 제작 프로젝트는 러시아-우크라이나 전쟁과 밀접한 관련이 있다. 2014년 러시아가 크림반도를 점령한 이후 모스크바의 크렘린 바로 옆 광장에서 또 다른 동상의 제막식이 거행되었다.

높이가 17.5m나 되는 동상의 주인공은 키예프 공국의 통치자였던 블라디미르 대공인데, 현재의 우크라이나가 바로 키예프 공국이었다. 그는 988년 그리스 정교를 국교로 선포해 오늘날 그리스 정교가 러시아·우크라이나·벨라루스의 핵심 종교이자 문화적 기반이 되도록 이끈 지도자다.

푸틴은 동상 제막식 축하 연설에서 블라디미르가 강력한 통일국가를 건설하고 그 위에 동슬라브 민족의 공통된 정신적 토대를 구축한 인물이라고 평가했다. 하지만 여기에는 키예프 공국을 러시아 역사로 끌어들임으로써 새로 병합한 크림반도에 대한 영유권을 정당화하려는 정치적 의도가 깔려 있다.

푸틴은 우크라이나 침공 직전인 2021년 7월 크렘린 홈페이지에 자신이 직접 쓴 우크라이나 역사 관련 글을 올리면서도 러시아와 우크라이나가 키예프 루스에서 기원했으며 역사적 뿌리가 같은 하나의 민족이라고 주장했다.

이런 식의 논리 뒤에는 우크라이나 고유의 역사와 문화를 부인하려는 은밀한 속셈이 숨어 있다. 이렇듯 우크라이나 침공 이전부터 러시아와 우크라이나의 역사적 일체성을 강조하면서 분단된 역사를 통일하려는 거라는 선전 작업이 선행되었다.

푸틴은 역사 마니아로 알려져 있다. 러시아-우크라이나 전쟁이 진행되는 중에도 푸틴이 역사 교육의 중요성을 역설하는 장면들은 그가 전쟁을 이데올로기 전쟁으로 몰고 가려 한다는 인상을 준다.

러시아는 현재의 우크라이나 정권을 네오나치 세력으로 규정하고, 이를 지원하는 서구 세력과 충돌하는 걸 불가피한 일이라고 생각한다. 오늘날 러시아가 마주한 상황은 1941년 나치군이 소련의 국경과 안보를 위협했던 때와 다를 바 없다는 논리다.

푸틴의 '역사 바로 세우기'는 군사작전처럼 정교하게 기획되었다. 러시아의 크림반도 점령 이후인 2016년 러시아에서 이반 4세의 동상 제막식이 있었다. 그의 조각상은 이때 처음으로 세워졌는데 이후 모스크바를 비롯해 여러 도시에서 동시다발적으로 이반 4세의 동상이 세워졌다.

그동안 학계에선 제정 러시아의 첫 공식 차르인 이반 4세를 공포정치의 극단을 보여준 폭군으로 해석했다. 하지만 푸틴은 이반 4세에 대해 다른 역사적 평가를 한다.

이반 4세를 일련의 개혁 정책과 강력한 군사력을 바탕으로 주변 국가와 전쟁을 벌여 영토를 넓히고 근대 러시아의 기초를 다진 강력한 지도자로 재평가한 것이다. 그러면서 이반 4세의 강력한 정치적 리더십이 분열되고 나약했던 러시아를 유럽의 강국으로 만들었다고 봤다.

수단과 방법을 가리지 않았던 이반 4세의 권력 지향적 정책에서 '러시아에는 강한 국가권력이 반드시 필요하다'라는 판단에 따라 정

표트르 대제가 주도했던 아조프 점령 전투. 러시아는 이 전투를 계기로
흑해에 진출할 수 있는 교두보를 확보했다.

적과 배신자를 제거한 푸틴이 연상된다.

정부의 지원을 받는 언론과 학계도 이반 4세와 관련된 영화 제작
과 학술회의 개최로 이반 4세를 영웅화하는 작업에 동참하고 있다.
푸틴은 이반 4세 이후 지속되고 있는 러시아 제국 건설 역사의 연속
선상에 놓여 있다.

표트르 대제는 푸틴의 또 다른 롤모델로 그의 집무실에는 표트르 대제의 초상화가 걸려 있다고 한다. 그는 발트해의 제해권을 놓고 스웨덴과 벌인 대북방전쟁에서 승리하고, 부국강병은 물론 영토 팽창을 통해 낙후되어 있던 러시아의 부흥을 이끈 인물로 평가된다.

푸틴 자신도 2022년 열린 표트르 대제 탄생 350주년 기념행사에서 표트르 대제에 대해 "21년 동안 스웨덴과 전쟁을 벌였다. 러시아의 영토를 되찾겠다는 역사적 가치야말로 우리 러시아인의 존재 이유"라고 밝혔다.

2014년 러시아의 크림반도 합병도 이곳이 본래 러시아 영토였기에 그는 자신에게 부여된 '자국 영토 회복'이라는 역사적 사명을 충실히 이행했을 뿐이라고 인식한다. 푸틴에게 러시아-우크라이나 전쟁은 잃어버린 옛 영토를 되찾는 것과 다름없다.


## 망각의 정치, 전쟁의 기억

푸틴의 역사 인식 문제점은 기억과 망각을 선택적으로 한다는 것이다. 2017년 러시아 혁명 100주년을 맞이한 푸틴 정부는 아무런 공식 기념행사 없이 혁명을 완전히 무시하듯 지나쳤다. 이른바 '망각정치'다. 혁명 논의가 권력자 타도 시위로 번질 수 있다는 우려가 작용한 것으로 보인다.

사실 푸틴 정부는 러시아 혁명에 대해 일관되게 부정적 평가를 해 왔다. 제1차 세계대전 기간에 러시아 전선에서 전투가 계속되고 있는데도 생활고에 시달린 민중이 벌인 시위와 파업으로 혁명이 발생했다고 해석하는 것이다. 혁명으로 러시아 제국은 약화되었고 그로써 강대국들의 각축장이 되었다고 본다.

푸틴은 용병 기업 바그너그룹의 반란을 겨냥해 "1917년에도 등에 칼을 꽂는 반역이 있었다"라고 말했다. 그만큼 1917년 혁명에 대한 기억은 삭제되었고, 이와 대조적으로 조국을 위한 '전쟁의 기억'은 적극 소환되었다.

푸틴은 정부 기념행사를 할 때나 중대한 고비 때마다 러시아 역사를 끄집어내 자신을 러시아 제국의 차르와 동일시했다. 제국에 대한 향수에 젖어 '강력한 대통령, 강력한 러시아'를 기치로 내걸고 현대판 차르가 되려는 모양새다. 그만큼 그는 과거 러시아 제국의 영광을 되찾으려는 '강대국 콤플렉스'를 지닌 듯하다.

물론 통치자가 나름의 역사 인식을 갖추는 건 바람직하다. 하지만 역사를 정치에 이용하려는 교묘한 논리는 궤변으로만 들린다. 강대국으로서 위용을 복원하려는 통치자의 역사관이 '전쟁의 기억'을 소환할 때 더욱 그렇다.

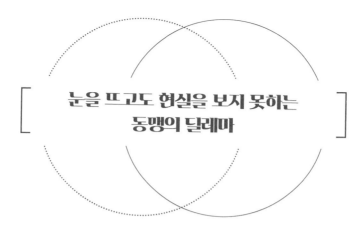

# 눈을 뜨고도 현실을 보지 못하는
# 동맹의 딜레마

1914년에 시작된 제1차 세계대전은 4년 동안 군인과 민간인 2천만 명의 목숨을 앗아갔고 부상자 수는 2,100만 명에 달한 대참사였다. 천문학적 비용이 들어간 이 전쟁은 삼국협상(프랑스·러시아·영국)과 삼국동맹(독일·오스트리아-헝가리·이탈리아)이라는 동맹 간 대결로 시작했다. 방어적 성격의 군사 블록은 전쟁 시작 전까진 30여 년간 힘의 균형을 유지하면서 전쟁을 예방하고 평화 시대를 구축하는 것처럼 보였다.

1896년에는 인류 평화의 제전을 목표로 제1회 올림픽이 그리스 아테네에서 열렸다. 네덜란드 헤이그에서 1899년, 1907년 두 차례 열린 만국평화회의에선 군비 축소와 평화 유지 방안이 논의되었다. 1901년에는 노벨평화상이 제정되었다.

그러나 사라예보에서 오스트리아-헝가리 제국의 황태자 프란츠 페르디난트 대공을 저격하는 총성이 울려 퍼지자 평화의 이념은 한순간에 뭉개지고 세계전쟁으로 확대되고 말았다. '전쟁'(war)이 아닌 '대전'(Great War)으로 불리는 제1차 세계대전은 전혀 예상하지 못한 참사였다.

유럽 현대사 전문가인 영국 케임브리지대 크리스토퍼 클라크 교수의 표현을 따르면, 제1차 세계대전 당시 동맹들은 '몽유병 환자'처럼 전쟁으로 빨려 들어갔다. 그는 유럽 국가들이 동맹의 의무를 이행하느라 동맹 파트너의 분쟁에 말려들면서 집단 '난투극'이 벌어졌다고 평가했다.

어느 국가도 전쟁을 사전에 적극적으로 계획하지 않았으나, 동맹 간의 적대감과 피해망상이 심해졌고 서로 불신하는 분위기에서 속사포를 쏘듯 말싸움하다가 결국 사상 최악의 참화가 빚어졌다는 것이다. 유럽을 양분한 두 동맹 블록은 눈을 뜨고도 현실을 보지 못하고 전쟁에 참여하는 동맹의 딜레마에 빠져들었다.

1914년 사라예보의 암살 테러. 사건 직전까지만 해도 평화로웠던 유럽은 불과 한 달 만에 전쟁의 구렁텅이로 빠져들었다.

## 독일 전현직 총리의 발언의 무게

제1차 세계대전이 일어난 지 꼭 100년이 되던 2014년에 러시아는 흑해의 크림반도를 강제로 병합했다. 헬무트 슈미트 전 독일 총리는 러시아의 크림반도 합병 사태로 촉발된 우크라이나 위기를 제1차 세계대전 전야와 비교한 바 있다.

그는 유럽·미국·러시아가 클라크 교수가 제1차 세계대전의 발발을 묘사한 상황과 비슷하게 행동하고 있다고 비난하며 "우리는 또다시 몽유병 환자가 되어선 안 된다"라고 역설했다.

앙겔라 메르켈 전 독일 총리는 자기 각료들에게 클라크 교수가 쓴 『몽유병자들』을 읽으라고 권했다고 한다. 러시아-우크라이나 전쟁과 관련해 '동맹의 무력 사용에 동참하기보다 외교적 중재를 통한 해결'이라는 독일의 대외정책에 대한 메르켈 전 총리의 의견은 확고했다.

올라프 숄츠 현 독일 총리도 『몽유병자들』을 인용하며 무책임한 정치인들이 호전적인 말투로 분쟁을 촉발한다고 비판했다. 숄츠 총리는 여러 차례에 걸쳐 자신은 제1차 세계대전 당시 독일의 황제로 전쟁에 개입했던 빌헬름이 되지 않겠다고 말한 것으로 전해진다.

독일 전현직 총리의 발언은 100년 전 독일이 자신의 의지와 관계없이 원하지 않았던 동맹 전쟁에 연루된 실수를 반복하지 않겠다는 다짐처럼 들린다.


## 동맹국 간의 연루로 일어난 전쟁

2022년 초 러시아가 우크라이나를 침공한 후 3년 가까이 지났다. 1991년 구소련의 해체 등으로 냉전체제가 종말을 고한 이후 30여 년간 이어진 나토의 동진으로 서방에 대한 러시아의 불신과 안보 불안이 커졌다.

나토는 제2차 세계대전 이후 소련을 비롯한 공산 세력의 군사적 팽창을 막고자 미국과 유럽 등 서방 국가들이 결성한 군사동맹이다.

1991년 이후 30여 년 동안 나토는 전선을 동쪽으로 1천 *km* 이상 전진시켜 이제는 러시아 국경과 맞닿게 되었다. 나토가 모스크바 코앞까지 세력을 뻗치는 상황에서 러시아는 2014년 크림반도를 강제 합병한 데 이어 2022년에는 우크라이나를 전면 침공하기에 이른 것이다.

러시아–우크라이나 전쟁이 예상과 달리 장기화하면서 원치 않게 다른 나라의 문제에 말려드는 '연루의 공포'가 나토 동맹 내부에 확산되고 있는 게 사실이다.

나토는 지난 70년간 '동맹이 공격받으면 함께 싸운다'라는 집단방위 체제를 유지하면서 성장했기 때문이다.

게다가 조지아와 우크라이나의 나토 가입이 논의되던 2008년에 미국은 이를 지지했으나 프랑스와 독일이 반대하면서 동맹국 간 내부 분열이 확연하게 드러났다. 러시아와 국경을 접하고 있는 조지아 · 우크라이나의 나토 가입으로 러시아와 갈등을 일으킬 수밖에 없다는 이유 때문이었다.

러시아–우크라이나 전쟁이 2022년 전면전으로 확대되자 나토는 군사적으로 다양한 지원을 했으나 전투기와 미사일 지원에선 의견이 일치하지 않았다. 에마뉘엘 마크롱 프랑스 대통령의 '우크라이나 지상군 파견 가능성' 발언을 다른 나토 동맹국들이 부정하면서 동맹 내 균열도 감지되었다.

이처럼 러시아-우크라이나 전쟁이 예상 밖으로 장기전 양상을 띠자 나토 동맹국 간의 분열이 큰 문제로 대두되고 있다. 역사적으로 동맹 관계는 국가 간 힘의 논리에 따라 변화하는 유동적인 성격을 지녔다.

제1차 세계대전 직전 유럽의 국가들은 동맹을 자국의 이익을 확보하는 지렛대로 이용하고자 했다. 그러나 일촉즉발의 전쟁이 임박할수록 서로 자국의 안보를 우선시하는 한편 각기 다른 전략적 선택을 하면서 평화 시기에는 보이지 않았던 동맹 균열도 생겨났다.

발칸반도에 세르비아, 알바니아 등 신생 독립국이 생겨나면서 국제질서가 급변했고, 삼국협상과 삼국동맹의 두 블록은 서로 이해관계가 얽힌 주변부의 전쟁에 휩쓸렸다.

오스트리아 황태자가 세르비아 민족주의 세력에게 암살당하자 경직되었던 동맹 체제는 전면전으로 돌입했다.

오스트리아가 세르비아를 응징하고자 선전포고했고 동맹국 독일은 오스트리아를 지원하려고 전쟁 속으로 뛰어들었다. 세르비아의 후견국 러시아는 발칸반도에 부동항을 확보하려는 야망에 사로잡혀 총동원령을 내렸다.

그러자 러시아의 동맹국 프랑스가 전쟁에 동참하고 영국은 삼국

협상 동맹국들을 지원하고자 대륙 파병을 결정했다. 발칸반도에서 벌어진 국지적 충돌이 외교적으로 해결되지 못하자 전쟁은 순식간에 세계대전으로 확대되었다. 원치 않는 전쟁에 참여하는 동맹국 간의 '연루'로 전쟁이 발생한 것이다.

## 되살아난 제1차 세계대전의 망령

제1차 세계대전은 단순히 100여 년 전에 있었던 역사적 사건으로만 머무르지 않는다. 우크라이나를 둘러싼 지금의 국제 정세가 1914년의 모습과 사뭇 유사하기 때문이다.

우크라이나는 1991년에 구소련이 해체되면서 새롭게 탄생했다. 흑해로 진출하려는 러시아와 이를 저지하려는 미국과 유럽 동맹은 신생국 우크라이나를 자신들의 영향력 아래에 놓고자 했다. 20세기 초에 새로 독립한 알바니아를 통해 지중해로 진출하려던 러시아 제국을 삼국동맹이 막아섰던 상황과 비슷하다.

20세기 초반 오스트리아-헝가리 제국이 내걸었던 '발칸은 발칸 사람들에게'라는 자치권 옹호의 목소리는 '우크라이나가 주권 국가로서 안보 동맹을 결정할 자유가 있다'라는 오늘날의 미국과 나토 동맹국이 하는 주장과 별반 다르지 않다.

특히 제1차 세계대전 직전 10여 년간 유럽의 동맹들이 평화를 호소했듯 나토와 러시아도 2000년대 초반에 매우 우호적인 관계를 유지했다.

러시아-우크라이나 전쟁의 양상을 보고 있노라면 조정 능력의 부족과 위기 관리의 실패로 세력 충돌이 발생하면서 전 세계가 전쟁의 블랙홀에 휘말린 100여 년 전의 망령이 되살아나는 듯하다.

세계사적으로 보면 다른 집단과 군사적 협력관계를 구축하는 동맹의 역사는 유구하다. 대한민국도 동맹에 연루되는 딜레마를 피할 수 없어 보인다. 한미동맹이 70년이라는 긴 시간 유지되면서 양국은 동맹 유지의 손익 계산을 따져 왔다.

역대 한국 정부는 주한미군이 철수하거나 병력을 감축하지 않을까 우려하는 '방기의 공포'를 겪었다. 이런 이유로 베트남전 전투병 파병, 이라크 파병, 호르무즈해협 군함 파견 등 미국 측 요구를 들어줘야 했다.

지난 30년간 중국이 매우 빠른 속도로 성장하면서 미국과의 전략 경쟁이 격화되어 가는 상황에서, 조 바이든 대통령은 대만이 중국의 침공을 받는다면 미국이 군사적으로 개입하겠다고 공언한 바 있다.

결국 한국이 미국의 동맹국으로서 중국과의 분쟁에 연루될 위험성이 점차 높아졌다. 미국이 우리에게 동맹국으로서 대만 문제를 둘러싼 군사작전 참여를 종용한다면 지원 여부와 지원 수위 등을 사전에 검토하는 일이 필요하다.

　한미 간 쌍무적 · 비대칭적 · 위계적 군사동맹 관계를 고려하면 한국은 상당한 연루의 위험을 떠안게 되기에 사전 대비는 더욱 시급하다. 북한군의 러시아-우크라이나 전쟁 개입으로 한반도를 둘러싼 동맹 간의 대립과 긴장이 고조되고 있다. 무엇보다도 동맹의 구속력이라는 사슬에 목을 옭아매고 전쟁의 구렁텅이로 끌려 들어가는 몽유병자가 되어서는 안 될 일이다.

# 2장

## 평화 공존의 기억

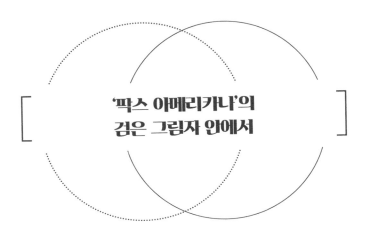

'팍스 아메리카나'의
검은 그림자 안에서

미국에서 해마다 10월 두 번째 월요일은 '콜럼버스 데이'다. 국경일로 삼아 기리고 있다. 콜럼버스가 신대륙을 발견한 이후 유럽의 식민지 이주자들은 남북 아메리카로 말, 양, 염소, 가금류 등의 가축과 종자를 갖고 갔다.

유럽인은 그곳에 홍역, 천연두 등 끔찍한 감염병도 전파했다. 전염성이 강한 질병이 신대륙 전역에 광범위하고 빠르게 확산되면서 면역력이 없던 원주민들은 속수무책으로 희생당했다.

히스파니올라섬에 도착한 콜럼버스와 그의 일행들을 원주민들이 환영하고 있다. 1594년의 그림.

1492년 콜럼버스 일행이 도착한 히스파니올라섬은 오늘날 아이티와 도미니카공화국이 있는 곳으로, 당시 이곳 인구는 50만 명 이상으로 추산된다. 그러나 질병에 감염된 원주민은 불과 30년 만에 1만 5천 명으로 줄어들었다.

감염병으로 아메리카 원주민들이 절멸하면서 사탕수수 농장과 광산에서 노역해야 할 노동력이 절대적으로 부족했다. 대체 노동력을 찾던 유럽인은 아프리카인에게도 유럽인처럼 면역력이 있다는 걸 알고는 아프리카 노예들을 대서양을 횡단해 강제로 끌고 왔다.

이때부터 노예무역이 시작되었다. 사탕수수 플랜테이션으로 전성기를 누리던 아이티의 경우 아프리카에서 강제로 끌려온 흑인 노예의 수가 1789년 50만 명에 달했다.

강제 이주한 노예들이 소멸 위기에 처한 원주민들을 대체한 것이다. 당사자의 동의 없이 폭행·협박·감금하면서 강제로 노동을 시키는 건 폭력이고 야만적인 행위다.

그런데 오늘날 선진국이라고 불리는 미국은 물론 유럽의 국가들에도 힘으로 노동 이주를 강제하던 역사가 있다. 부족한 노동력을 확보하고자 인신매매, 노예무역, 강제노동 동원까지 했던 이들에게 이런 역사는 지우고 싶겠지만 그럴수록 기억해야만 하는 고통스럽고 어두운 과거사이기도 하다.


## 아프리카 노예를 죽음으로 이끈 노예선

노예무역은 근대 유럽이 인류에게 저지른 크나큰 범죄 가운데 하나다. 16~19세기에 최소 1천만 명 이상이 노예로 아프리카에서 아메리카 대륙으로 끌려갔다. 항해 과정이 열악해 사망률도 높았다.

18세기 말에 그려진 이 그림에는 노예선 선장이 손에 채찍을 들고 여성 노예를 체벌하는 모습이 담겨 있다.

대서양을 횡단하는 '중간 항로'에서 대략 10~20%가 목숨을 잃은 것으로 추정된다.

노예 상인에게 잡혀 노예선에 실린 아프리카인은 1천만 명을 훨씬 넘어선다. 숫자 못지않게 놀라운 건 노예 상인들이 강제 이주 과정에서 비인간적이고 잔인한 행위를 숱하게 저질렀다는 사실이다.

1781년 아프리카 서해안을 출발해 자메이카로 가던 노예무역선 종(Zong)호의 선장은 마실 물이 부족하다는 이유로 노예 130여 명을 바다에 던져 버렸다. 2년 뒤 선장은 놀랍게도 식수가 부족해 어쩔 수 없이 '화물'(노예)을 바다에 던졌다고 주장하며 보험금을 청구했다. 더 경악스러운 일은 재판부에서 노예들을 재산으로 보고 살인죄를 적용하지 않아 선장과 선원들이 처벌을 받지 않은 것이다.

비록 최종적으로 보험금은 지급되지 않았으나 1심 재판의 배심원들은 선상 살인 행위를 인간의 힘으로는 어찌할 수 없었던 상황에서 나온 조치로 보고 보험사가 사망 노예 1인당 30파운드를 보상하도록 판결했다. 당시 법원은 이 사건에 대해 노예들을 "말처럼 바다에 던진 것과 같다"라고 판시했다.

1839년 스페인의 노예선 아미스타드호에선 아프리카 흑인들이 반란을 일으켰다. 사건은 아프리카 흑인 53명이 몰래 쇠사슬을 풀고 선원들을 살해하면서 시작되었다.

항해술을 몰랐던 이들은 살려둔 선원 두 명에게 배를 아프리카로 돌리게 했다. 하지만 선원들은 흑인들을 속이고 배를 북아메리카 해안으로 몰고 갔다.

결국 미 해군에 붙잡힌 흑인들은 선원 살해 혐의로 구속되었다. 그러나 대법원은 이들이 폭력을 행사한 건 자신의 자유를 지키려는 정당방위였다고 판결했다. 마침내 그들은 아프리카로 다시 돌아갈 수 있었다.

1854년에 그려진 그림으로 노예상이 구매하려는 노예의 상태를 점검하고 있다. 오른편에선 노예를 포획해 온 아프리카인들에게 무기를 전달하고 있다.

## 노예무역 절정기부터 노예제 폐지까지

반인륜적인 노예무역은 놀랍게도 19세기에 폐지될 때까지 '합법' 이었다. 팔려 온 노예와 관련된 다양한 조항이 담긴 노예법이 제정 되었고, 노예를 매매와 상속이 가능한 유동자산으로 간주했다. 한마 디로 노예는 물건처럼 취급된 것이다.

한편 국가는 오히려 노예 상인의 반인륜적 행위를 옹호했다. 노예 무역이 곧 선진국으로 가는 지름길이라고 생각했기 때문이다.

노예들이 재배한 사탕수수를 원료로 만든 술 럼(Rum)은 총과 함께 아프리카 노예를 사들일 때 교환 수단으로 사용되었다. 술과 화승총으로 인간을 사고판 것이다. 노예를 구매하고 무기로 대금을 지급하는 '총과 노예의 사이클'(Gun-Slave Cycle)이라는 악의 고리가 끊이지 않고 순환되었다.

서양 근대 300여 년의 역사는 사욕과 국익만을 앞세운 노예무역, 강제노동이라는 부끄러운 일들로 점철되었다. 최대 노예무역 국가였던 영국은 노예무역 금지법 제정 200주년을 맞은 2007년에야 학생들이 '수치스러운 과거'인 노예무역에 대해 반드시 배우도록 했다. 선조들이 행한 폭력적이고 야만적인 역사를 스스로 부끄럽게 생각한다는 방증이다.

1807년 영국은 '노예무역 폐지'라는 전략적 선택을 한다. 노예제가 경제적 수익성이 떨어지고 사양 산업으로 기울자 폐지론이 힘을 얻었기 때문이다. 경제적 이해관계 외에 노예 폐지론자들의 박애주의도 이런 결심을 굳히는 계기로 작용했다.

특히 영국은 당대 세계 최강국으로서의 위상을 지키고자 국가 이익만 추구하기보다 보편적 가치와 규범의 실현이라는 도덕적 선택을 했다.

국가의 도덕적 위상은 국익과 불가분의 관계이며 동시에 국가 자본으로 사용될 수 있다고 판단한 것이기도 하다. 미국 등 다른 경쟁 국가들보다 먼저 노예무역과 노예제도를 과감히 폐지한 영국은 인

영국의 노예폐지론자 윌리엄 윌버포스. 영국의 노예무역
폐지 200주년을 기념해 2006년에 개봉된 영화 〈어메이징
그레이스〉는 윌버포스의 노예제 폐지를 위한 투쟁 과정을
그렸다.

류의 보편적 가치의 추구와 실현을 내세우면서 19세기 국제정치 무
대의 중심에 설 수 있었다.

　주목할 점은 대중도 노예무역의 부도덕성을 심각하게 고민하고
적극 나섰다는 것이다. 이들은 인도주의와 국가의 명성 그리고 정의
를 죽게 만드는 노예제를 폐지하자는 서명운동을 전개하면서 '노예
들의 고통과 죽음으로 만들어진 설탕을 끊자'라는 설탕 불매운동도

진행했다. 이에 자극을 받아 정치권이 움직였고 마침내 영국 의회는 1807년 노예무역 폐지를 결정했다. 영국의 이러한 결정은 전 세계에 영향을 미쳐 노예제가 폐지되는 전기가 되었다.

## '세계 8위' 무기 수출 대국의 이면

최근 언론에서 한국의 무기 수출을 두고 '쾌거' '초대박' '미래 먹거리'라고 보도했다. 한국은 세계 8위의 무기 수출국으로, 최근 5년(2017~2021)간 무기 수출 증가율이 직전 5년 대비 177%로 세계에서 가장 높았으니 그럴 만도 하다.

하지만 무기 수출이 '일자리 창출'로 이어져 국가 경제에 도움이 된다는 정책적 판단에 대한 우려가 조심스럽게 나오고 있다. 한국이 무기를 수출하는 일부 국가들은 무기 수출 위험 지수가 높은 편이다. 즉 부패 여부, 정국 불안정 수준, 국내 인권 유린 여부, 내전 등 무력 분쟁을 고려할 때 무기 수출이 해당국에 심각한 후유증을 가져올 수 있다는 것이다.

국가의 무기 수출입은 합법적 거래이고 미국 · 독일 · 프랑스 · 이탈리아 · 영국 · 스페인 등 이른바 서구 선진국들도 오늘날 무기 수출 10위권에 포진해 있다.

대한민국은 오랫동안 서양을 발전 모델로 삼고 이들의 정책을 좇았다. 그럼에도 우리는 이들 대부분 국가와 상인들이 이윤에 눈이 멀어 노예를 짐승처럼 거래하면서 아프리카 흑인들의 인권을 억압했다는 역사적 사실을 잊어선 안 된다.

　오늘날 서양의 학생들이 노예무역이라는 부끄러운 역사를 반성하는 것처럼, 훗날 우리 학생들이 대한민국이 오직 돈만 보고 무기를 수출했다는 역사를 배우지 않았으면 한다.

　우리 사회가 진정한 선진국이 되고자 한다면 무기 개발과 수출에 심혈을 쏟는 것 이상으로 생명의 존엄성과 인류 공존의 보편적 가치를 깨닫고 구현하는 데 더욱 주력해야 한다.

# 다양한 종교가 평화적으로
# 공존했던 역사로

9·11 테러가 발생한 지 어느덧 20년이 훌쩍 지났다. 테러 직후 조지 W. 부시 미국 대통령은 배후로 이슬람 극단주의 무장 세력인 알카에다를 지목하고 군사적 응징을 택했다. '테러와의 전쟁'은 이후 20년간 이어지며 보복의 악순환을 불러왔다. 부시는 테러를 응징하는 보복 공격을 '십자군 전쟁'으로 규정하고 악을 제거하려는 성전이라고 미화했다. 서양 중세의 폭력적인 사건인 십자군 전쟁을 성스럽고 정의로운 전쟁으로 포장하고 폭력을 정의로 위장하려고 한 것

2001년 9월 11일 이슬람 근본주의 세력 알카에다의 테러 공격을 받은 미국 뉴욕의 세계무역 센터. 이 사건을 이슬람과 그리스도교 간 오래 지속된 문명충돌로 분석한 이가 많지만 두 종교는 공존한 시기도 길었다. ⓒAFP 연합뉴스

이다. 그러자 알카에다 수장 오사마 빈 라덴도 알카에다의 투쟁을 침략에 맞서 이슬람을 방어하는 지하드로 규정했다. 이로써 사태는 이슬람과 그리스도교 간 문명 충돌 양상으로 전개되었다.

하지만 이슬람과 그리스도교는 지난 1,400년간 서로 갈등만 있었던 게 아니라 공존도 반복했다. 9·11 테러 사건으로 이슬람 세계에 대한 부정적인 이미지가 한층 더해졌지만 두 종교 사이에는 생각보다 유사성이 많다. 그들은 공통적으로 아브라함을 신앙에서 중요한 인물로 여기며 비슷한 교리도 상당하다.

아라비아반도에서 지중해로 진출한 이슬람 사회는 서구 문명의 뿌리로 알려진 고대 그리스-로마 문명을 광범위하게 받아들였다. 이슬람 문화가 고대 그리스-로마의 지식을 유럽에 전수했기에 르네상스 시대인 15세기에 잊혔던 고전 문화가 유럽에서 부활할 수 있었다.

## 오랫동안 공존한 그리스도교와 이슬람

부시 대통령은 보복 전쟁의 정당성을 뒷받침하고자 중세의 십자군 전쟁 개념을 소환했다. 하지만 정작 중세에 십자군 전쟁을 주도한 교황청조차 십자군 원정은 잘못된 전쟁이었다고 시인하며 용서를 구한 바 있다. '신이 원한다'라는 종교적 대의명분을 내세운 십자군 전쟁의 이면에는 서유럽 그리스도교 사회의 내부 갈등을 외부로 돌리려는 세속적 이해 관계가 도사리고 있었기 때문이다.

무엇보다 십자군 전쟁은 알려진 것과 달리 항구적 전쟁이 아닌 긴장과 적대 기류가 흐르는 냉전 같은 상태였다. 전쟁이 계속된 200여 년 동안 이슬람과 그리스도교 세력이 무력으로 충돌한 기간은 50년이 채 되지 못했다. 오히려 십자군 전쟁으로 두 집단이 접촉하면서 다양한 교류를 가능하게 했다.

이탈리아의 르네상스 예술가 라파엘로가 그린 〈아테네 학당〉에는 이슬람 철학자 이븐루시드(원 안)가 등장한다.

전쟁 기간에도 양측을 넘나드는 외교·문화·경제 교류는 점점 잦아졌으며 서로에게 적지 않은 긍정적 변화를 가져왔다. 고대 그리스-로마의 과학·철학 지식이 아랍어로 번역되었고, 다시 서유럽 세계에 소개되면서 학술 언어인 라틴어로 재번역되었다.

이슬람 세계는 청결을 지켜야 한다는 종교적 계율 때문에 학자들이 위생 부분을 개선하고자 연구에 몰두했다. 고대 그리스의 히포크라테스와 같은 의학자들이 쓴 저서를 아랍어로 번역했고 이를 토대로 많은 실험을 해 의학 분야에서 눈부신 발전을 이뤘다.

그 결과 이슬람의 의학 서적들이 서유럽의 의과 대학에서 교과서로 채택되었고, 이들 대학은 오늘날까지도 의학 발전에 크게 이바지하고 있다. 요컨대 이슬람은 서양 문명의 스승이라 할 수 있다.

지중해의 시칠리아섬에는 오늘날에도 불법 이민자가 해마다 15만 명 이상 들어온다고 한다. 그들은 대부분 이곳을 거쳐 유럽으로 가고자 한다. 비록 지금은 유럽과 아프리카를 가르고 있지만 역사 속 시칠리아는 두 대륙의 경계를 이루는 모서리가 아니라 둘을 잇는 연결 통로였다.

시칠리아섬은 북아프리카로부터 이슬람의 선진 문물을 받아들이는 창구이자 유럽인이 지중해로 진출하는 교두보로 활약했다. 역사적으로 시칠리아는 이슬람과 그리스도교를 분리하는 장소가 아니라 두 문화를 연결해 공생하는 접경 공간이었다.

현실적 욕망에서 비롯한 십자군 전쟁 중에는 유럽인이 유대인을 박해하고 학살하는 사건이 자주 일어났다. 특히 레콩키스타(Reconquista)로 불린 재정복 운동을 벌인 결과 이베리아반도에 살던 무슬림과 유대인이 그리스도교인에게 쫓겨나자 이들을 기꺼이 받아준 곳도 이슬람을 국교로 삼았던 오스만 제국이었다.

유대인은 정작 서구 그리스도교 사회보다 이슬람 세계에서 더 안정적으로 살 수 있었다. 역사적으로 아랍인과 유대인이 오랫동안 종

13세기 아랍어 서적에 묘사된 고대 그리스 철학자 아리스토텔레스 (오른쪽) 모습.

교적 갈등 없이 비교적 평화롭게 공존했다는 걸 의미하니 오늘날과 사뭇 다른 모습이다.

따라서 유대교 · 이슬람 · 그리스도교를 적대적 관계로만 이해하는 건 역사 왜곡과 다름없다. 종교 간 공존과 협력 관계가 경색된 원인은 19세기 서구 제국주의 세력이 이슬람 지역을 침략했기 때문이다. 그 결과 이슬람 국가 대부분이 서구 제국주의의 지배와 수탈에 시달렸다. 이들이 독립한 이후에도 서구 열강은 다양한 방식으로 옛 식민지에 영향력을 행사했다.

## 서구 제국주의가 만든 이슬람 근본주의

이슬람 세계가 받은 상처와 저항적 민족주의가 종교적 전통과 결합하면서 알카에다 같은 이슬람 근본주의를 탄생시켰다. 이들은 자신들을 지배하고 착취했던 서구 사회와 문명을 증오의 눈길로 바라봤다. 무엇보다 과거 자신들보다 뒤떨어졌던 서구가 식민종주국으로 군림하는 건 자존심 상하는 일이었을 것이다.

이슬람 근본주의가 어떻게 반미 감정을 가지게 되었는지는 종교적 이유보다 이스라엘과의 정치적 관계 속에서 살펴야 한다. 미국이 전통적으로 이스라엘을 적극 지원했기 때문이다.

제1차 세계대전 당시 중동의 맹주 오스만 제국은 영국과 프랑스의 영토적 야망과 이 지역 석유 자원에 대한 욕심 앞에서 무너졌다. 대영제국 경제에 숨통을 틔워 주던 수에즈 운하의 지정학적 중요성 때문에 영국은 어떻게든 이곳과 인접한 팔레스타인을 차지하고 싶어 했다.

영국은 제1차 세계대전이 끝나기 직전 해인 1917년 11월 전쟁 후원자였던 유대인에게 팔레스타인에 자치 지역을 건설해도 좋다고 허락했다. 영국 외무장관 밸푸어가 했던 선언이 바로 그것이다.

하지만 「밸푸어 선언문」은 팔레스타인 내에서 일부 지역만 유대인 정착촌으로 인정했을 뿐이다. 따라서 유대인에게 성지 예루살렘을 약속하지도 않았고 팔레스타인 전체를 양도하지도 않았다.

단지 유대인의 민족 국가를 건설하자는 민족주의 운동인 시온주의 운동에 불이 붙어 세계 각국에서 유대인이 대거 이주해 이스라엘을 건국하면서 팔레스타인 지역을 유대인이 강제로 차지했을 뿐이다. 「밸푸어 선언문」이 명시했던 "팔레스타인에 거주하는 비유대인 공동체의 시민권과 종교의 권리를 침해하지 않는다"라는 규정을 어긴 것이다.

밸푸어 선언은 이스라엘-팔레스타인 분쟁의 문을 여는 판도라의 상자였다. 이후 이스라엘과 벌인 전쟁에서 아랍 국가들이 계속 패배하면서 이슬람 근본주의자들은 강경 노선으로 급선회했다.

이집트의 무슬림 형제단과 같은 이슬람 근본주의 단체는 서구와 이스라엘에 반대하는 투쟁을 벌이면서 점차 세력을 규합했다. 즉 이슬람과 서구 문명 사이의 갈등은 문제의 원인이 아니라 역사적 결과였다.

## 종교 간 평화적 공존의 경험을 소환해야 할 때

'서구 대 이슬람'이라고 경계를 구분하는 건 역사적 허구다. 미국의 정치학자 새뮤얼 헌팅턴은 1990년대에 쓴 『문명의 충돌』에서 동서 냉전 대립이 문명 간의 갈등으로 다극화하면서 전쟁의 역사가 지속될 거라는 문명충돌론을 설파했다.

그는 서구 기독교 문명과 이슬람 문명이 만나는 단층선(fault line)에 주목하면서, 역사적으로 이곳은 피로 물든 경계선이었으며 21세기에도 서구 주도의 세계 질서를 뒤흔드는 갈등의 무대가 될 거라고 예견했다.

헌팅턴의 예견 이후 지난 30년을 돌아보니 코소보 전쟁, 9·11 테러, 미국의 이라크-아프가니스탄 침공 등 서구와 이슬람 세계는 여전히 적대 관계를 지속하고 있다.

하지만 역사적으로 보면 두 종교가 비교적 평화롭게 공존했던 기간이 그렇지 않았던 때보다 훨씬 길다. 또한 문명 간 경계는 이질적인 다양한 문화가 만나 뒤섞여 새로운 게 창조된 접경 공간이었다는 걸 기억할 필요가 있다.

이슬람 근본주의자들이 그리스도교와 유대교를 증오하거나 부시 대통령이 십자군 전쟁을 벌이겠다고 말했던 건 자신들의 역사를 부정하거나 왜곡하는 짓이다.

우리는 이슬람·그리스도교·유대교가 역사상 가장 적대시하는 시대를 사는 듯하다. 그래서 다양한 종교가 평화적으로 공존했던 과거의 기억을 소환해 내는 노력이 어느 때보다 절실하다.

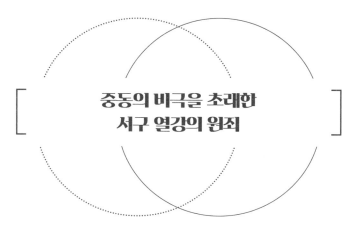

# 중동의 비극을 초래한
# 서구 열강의 원죄

이스라엘-하마스 전쟁으로 중동에 긴장감이 더해 가고 있다. 바로 옆 나라인 레바논이 1970~80년대에 내전을 겪었고 시리아도 2011년부터 내전에 휩싸이면서 이곳은 세계의 '화약고'로 이목이 쏠리던 터였다. 언뜻 봐선 유대교·그리스도교·이슬람 간의 고질적인 종파 분쟁 같지만 사실 이 지역은 생각보다 많은 공동의 역사적 유산을 간직하고 있다.

# 다양한 민족과 종교가 공존한 과거의 중동

이스라엘-팔레스타인, 레바논, 시리아는 태양이 떠오르는 동쪽 땅을 의미하는 '레반트'로 불린다. 이들 국가는 수천 년 동안 분리되지 않은 채 같은 정치 조직에 속해 있었다. 해양과 대륙 세력이 지중해와 서아시아의 접경 지역인 이곳을 번갈아 장악했기 때문이다.

기원전 6세기부터 기원후 20세기 초까지 바빌로니아-페르시아-알렉산드로스-로마-우마이야-오스만 등 일련의 제국들이 이 지역을 통치했다. 그래서 레반트 지역은 광대한 영역을 다스렸던 제국의 한 속령으로 독립적인 국가를 형성하지 못하고 제국의 대리인인 총독의 위임 통치를 받아야 했다.

『구약성경』과 『신약성경』에 황제를 대신해 이 지역을 통치했던 총독들이 자주 언급되는 건 이러한 이유에서다. 그만큼 레반트 지역은 정치적으로 오랜 세월 공동 운명체로 묶여 있었다.

종파 간 관계도 오늘날의 모습과는 사뭇 달랐다. 지난 1,400년간 이 지역을 통치한 이슬람 세력은 『구약성경』과 『신약성경』을 믿는 경전의 백성인 유대인과 그리스도교인을 역사적 기원이 같다며 종교적 동반자로 여겼다.

레반트에서 유대교·그리스도교·이슬람의 공존은 일상이었으며 대립이 비정상적이었다. 시장터와 같은 일상의 삶이 반복되는 곳일

19세기 말 예루살렘에 살던 유대인들. 이슬람 국가인 오스만 제국
치하에서도 유대인들은 여타 종교 집단들과 공존했다.

수록 공생 관계는 더욱 두드러졌다. 유럽에서 박해받다 쫓겨난 유대
인 '난민'을 기꺼이 받아주고 환대한 것도 이슬람 제국이었다.

이렇듯 과거의 중동은 다양한 민족과 종교가 공존하면서 다양성
을 인정하고 문화의 차이점을 존중하던 곳이었다. 유럽에서 박해를
피해 온 유대인 마이모니데스는 이집트에 정착한 뒤 이슬람 통치자
살라딘의 주치의이자 유대 공동체의 수장으로 임명되었다.

요셉 나시 역시 16세기에 유럽의 그리스도교 사회에서 모진 박해

　　　　　　　　　　　역병, 전쟁, 위기의 세계사

를 견디다 못해 오스만 제국으로 망명한 수많은 유대인 중 한 명이었다. 사업가로도 성공한 그는 술탄의 신임을 얻어 특사로 활약했다.

오늘날 중동 지역의 주도권을 놓고 다투는 수니파와 시아파의 종파 분쟁 역시 과거에는 전혀 다른 모습이었다. 현대의 언론은 두 종파가 항상 갈등을 빚었던 것처럼 보도하지만 역사적 사실과 다르다.

많은 수의 시아파 성소가 수니파의 재정 지원으로 조성되었고 상대방의 성지를 순례하는 것도 가능했다. 시리아 알레포에 있는 '알 후세인 성소'는 시리아에서 가장 아름다운 종교 건축물로 평가된다.

이곳은 무함마드의 손자이자 시아파의 종교 지도자인 후세인에게 봉헌되었다. 당시 시리아의 수니파 총독도 성소 조성을 후원했다.

2010년 시리아 내전이 일어나기 직전까지 수 세기 동안 수많은 순례자가 이곳을 방문했다는 사실은 '이슬람의 시작으로까지 거슬러 올라가는 두 종파의 오랜 반목' '종파 전쟁의 역사'라는 역사적 오류가 수정되어야 한다고 요구한다.


## 개방·관용·공존의 장소였던 예루살렘

예루살렘은 유대교·그리스도교·이슬람 모두의 성지다. 이슬람의 지도자 무함마드가 죽은 뒤 그의 계승자인 칼리프들은

시리아의 수도 다마스쿠스 모스크에 있는 세례자 요한의 묘. 그리스도교와 이슬람 모두 세례자 요한을 선지자로 칭송한다.

638년에 아라비아반도를 넘어 북쪽에 있는 예루살렘을 점령했다. 이때부터 예루살렘은 현대 이스라엘이 건국되는 1948년까지 1,300여 년 동안 대부분 이슬람 세력의 통치를 받았다.

이슬람이 태동한 7세기에는 무슬림들이 예루살렘의 그리스도교인들과 같은 교회를 이용하면서 그곳에서 예배를 보기도 했을 정도로 두 종교 사이에 적대감은 표출되지 않았다.

무슬림들은 예루살렘 근처에 있는 카티스마 교회에서도 예배를 드렸다. 카티스마는 '의자'라는 뜻으로 예수 그리스도의 어머니 마리아가 임신한 몸으로 갈릴리에서 예루살렘으로 가다가 의자에 앉아 휴식을 취했다고 하여 붙여진 명칭이다.

이러한 사실을 기념하고자 팔각형 모양으로 지어진 그리스도교 교회에서 초기 무슬림들이 예배를 드린 것이다. 이것이 가능했던 이유는 이슬람 경전 『코란』이 동정녀 마리아를 수십 차례 언급하면서 신앙의 표본으로 기록했기 때문이다.

무슬림 통치자인 칼리프들은 그리스도교인과 무슬림이 함께 예배보는 걸 금지하지 않았다. 예루살렘은 정치적으로는 정복되었지만 종교적으로는 개방과 관용의 공간이자 공존의 장소가 될 수 있었다.

아랍인들은 정복한 예루살렘의 초대 총독으로 이슬람을 믿지 않는 유대인을 임명하기도 했다. 칼리프는 유대인 지도자와 가족을 초청해 예루살렘에 정착하도록 하는 포용적인 모습을 보였다.

이슬람 통치자들은 지속적으로 유대인들의 예루살렘 이주를 장려했다. 1900년경 이슬람이 통치하던 예루살렘의 거주민 4만 5천여 명 중 절반 이상이 유대인이었다. 예루살렘은 유대인·그리스도교인·무슬림이 어깨를 맞대고 뒤섞여 사는 접경 공간이었다.

오늘날까지도 예루살렘에 막대한 영향력을 행사하는 오래된 아랍 가문이 둘 있는데, 638년에 아라비아반도의 메카에서 이주한 아랍인의 후손이다. 이 두 가문은 대대로 그리스도교의 가장 중요한 성지인 예루살렘 성묘 교회의 관리를 담당하고 있다.

## 중동 전통질서 파괴한 서구 열강

제1차 세계대전 당시 오스만 제국은 동맹국(독일, 합스부르크 제국) 편에 서서 연합국(미국, 영국, 프랑스, 러시아)에 맞서 싸웠다. 하지만 영토가 광대한 오스만 제국은 전쟁을 수행하기가 쉽지 않았다. 전쟁의 혼란을 틈타 오스만 제국의 지배에서 벗어나 아랍인들이 통치의 주체가 되는 옛 아랍 제국의 부활을 꿈꾸는 세력이 등장했다.

아라비아반도 서부 헤자즈 지역의 샤리프 후세인 빈 알리였다. 영국은 '아라비아의 로렌스'로 잘 알려졌으며 아랍어에 능통했던 젊은 아랍 전문가 T. E. 로렌스를 파견해 아랍 군대와 함께 오스만군을 상대하도록 했다. 영국 · 아랍 동맹으로 전황이 바뀌면서 영국이 승기를 잡기 시작했다.

하지만 프랑스도 이 지역에 지대한 관심을 보였다. 중앙아시아에 진출하는 데 전략적 교두보인 이곳을 차지하려 했던 프랑스는 중세 십자군 원정 시대부터 이 지역을 지배했기 때문에 당연히 역사 주권을 갖고 있다고 공언했다. 영국은 유럽의 서부 전선에서 독일과 싸우는 프랑스의 불만을 달래야 했다.

영국과 프랑스는 '사이크스 · 피코 비밀협정'을 맺었다. 영국의 마크 사이크스와 프랑스의 프랑수아 조르주 피코가 양국을 대표해 1916년 비밀리에 레반트 지역의 영토를 분할한 것이다('사이크스 · 피

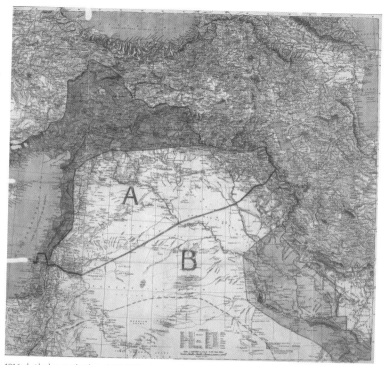

1916년 사이크스와 피코가 작성한 영토 분할 지도. 이때 그어진 선은 오늘날까지 레바논·시리아·이스라엘·요르단·이라크의 국경선으로 남아 있다.

코 국경선'). 오랜 세월 뒤섞여 살던 아랍인들을 갈라놓고 현대 중동 국가의 탄생을 강제한 일방적 결정으로 중동 정세는 더욱 가파른 국면으로 치달았다.

영국과 프랑스의 제국주의적 야망, 특히 이 지역의 석유 자원에 욕심이 앞서면서 지역민의 의사는 물론 현지의 역사·종교·문화에 대한 고려 없이 자의적으로 급조된 국경선이 획정되었다. 기어이 영국은 팔레스타인과 요르단 지역을, 프랑스는 오늘날의 레바논과 시리아 지역을 차지했다.

그렇게 만들어진 중동 국가들은 국경선이 먼저 획정되고 국가와 국민 정체성이 형성되는 굴곡진 역사를 경험한다.

영국은 유대인들이 제1차 세계대전 당시 막대한 전비를 제공해 준 대가로 그들의 팔레스타인 이주를 허락했다. 이 과정에서 팔레스타인인 수십만 명이 고향에서 쫓겨났고 새로 이주한 유대인들이 그들이 살던 집과 마을을 차지했다.

오늘날 이스라엘 · 팔레스타인 분쟁의 문을 여는 판도라의 상자였다. 1948년의 이스라엘 건국은 유대인들에게 희망과 용기를 불어넣었겠지만 팔레스타인 원주민들에겐 재앙의 시작이었다.

프랑스는 그리스도교인이 집단으로 거주하던 지역을 별도로 분리해서 레바논이라는 국가의 탄생을 주도했다. 이 과정에서 프랑스가 그리스도교 세력과 결탁한 결과 인구의 절반을 차지하던 무슬림의 정치적 불만이 커졌다. 결국 현대 레바논 내전의 원인이 되었다.

한편 프랑스는 시리아에서 전형적인 분리 통치 전략을 구사했다. 주민의 다수를 차지하는 수니파를 견제하고자 소수 종파였던 알라위파와 결탁해 군부 엘리트로 양성한 것이다. 프랑스가 1946년 시리아를 떠난 뒤에도 알라위파는 군부를 장악하고 지금까지 시리아의 독재자 바샤르 알아사드 대통령을 지원하고 있다.

중동은 수천 년 동안 포용적 가치관을 간직한 다종족·다종교적인 제국적 질서를 유지했고 주민들은 조상 아브라함과 마찬가지로 광야에서 초원을 찾아다니며 유목 생활을 하던 베두인이었다. 초경계적 삶과 이동의 자유를 추구하던 유목민들에게 영토적 경계를 구획하는 국경선은 삶의 구속을 의미했다.

영국과 프랑스는 중동의 전통 질서를 파괴하면서 재앙의 씨앗을 뿌렸다는 역사적 책임에서 벗어날 수 없다. 서구 제국주의 열강이 지도에 자의적으로 그은 국경선은 중동을 비극적인 분쟁의 장소로 만든 원죄가 되었다.

# DMZ 국경 위기를
# 해결하기 위해 해야 할 일

최근 경기북부특별자치도 설립을 둘러싸고 찬반론이 분분했다. 경기도가 경기 북부 지역(고양시·남양주시·파주시·의정부시·양주시·구리시·포천시·동두천시·가평군·연천군)을 경기도에서 분리해 '특별자치도'로 지정하는 과정에서 의견 대립이 격화된 것이다. 특별자치도로서 고도의 자치권을 부여받는데도 불구하고 '평화누리특별자치도'라는 새 이름이 공개되자 오히려 논란이 더 가열되었다.

# 국가 안보 위해 희생한 경기 북부

경기도의 '경'(京)은 왕이 있는 수도를, '기'(畿)는 수도를 중심으로 한 주변 땅을 뜻한다. 전국 지도를 놓고 보면 경기도는 마치 어머니가 아이를 안고 있듯 서울을 보듬고 있다. 군사분계선인 비무장지대와 접하고 있는 경기 북부 지역은 포탄으로부터 아이를 보호하려고 몸을 숙이고 있는 어머니의 모습을 연상케 한다.

하지만 오늘날 남북한 접경 지대에 있는 경기 북부 지역은 남북 관계가 경색되면 심리적 불안과 경제적 손실을 고스란히 떠안으면서도 남북 문제에선 수도의 주변부로서 주체가 아닌 객체로 머문다.

경기 북부 지역은 남북 분단 이후 설정된 북방한계선과 맞닿아 있어 접경 지역으로 불린다. 접경은 두 중심 사이에 있는 주변이나 변두리 또는 중심에 대한 대립항 혹은 중심의 방어선 정도로 이해된다. 역사적으로 중앙정부는 내부 통합을 강화하고 지배 질서를 정당화하는 수단으로 접경의 주변성을 전략적으로 활용하기도 했다.

한반도에서도 북한은 비무장지대나 서해 북방한계선 일대에서 무력 도발을 감행했고, 남한이 체제 구축을 위해 이용한 '평화의 댐' 건설이나 '총풍' 사건 등은 중심이 주변을 활용한 대표적 사례다. 지금도 남북 간의 지속적인 군사적 충돌과 긴장으로 경기 북부 지역 주민은 불편함과 시름을 안고 산다.

경기 파주시 교하 일대의 고인돌. 교하 지역은 명당터로 알려져 있다. 17세기 초에는 한양에서 이곳으로 수도를 옮기자는 교하천도론이 제기되기도 했다. ⓒ파주시 제공

경기 북부 지역이 1953년 휴전 이후 70여 년간 대한민국 수도 서울의 안보를 위해 희생해 왔다는 사실은 잘 알려진 바다. 대한민국 군사 전력의 상당 부분이 이곳에 밀집되면서 도로에서 훈련 중인 전차와 장갑차의 긴 행렬은 일상에서 흔히 볼 수 있는 풍경이 되었다.

군 훈련에 따른 피해도 작지 않았다. 민간인 통제구역이 설정되고 '군사기지 및 군사시설 보호법'이 시행된 이후 경제활동과 일상생활에서 규제와 제약을 많이 받았다. 개발 사각지대로 소외되면서 여전히 산업 기반 시설이 부족하고 인구 밀도도 낮다.

# 한반도의 중심이었던 경기 북부

우리나라 최초의 민족 통일국가인 고려는 한반도 중앙에 위치한 개경에 도읍했다. 그리고 수도 둘러싼 주변을 '경기'라고 칭했다. 이후 조선의 건국과 함께 한양으로 천도하면서 오늘날의 '경기도'가 등장했다.

경기도는 해로와 육로로 국토의 남과 북을 쉽게 연결했으며, 문화적으로도 융합의 성격이 강했다. 삼국 시대에는 삼국의 다양한 문화가 접합된 지역이었다. 고려 시대에는 지방 호족들의 문화를 포섭하면서 분립을 극복·통합해 중앙집권체제를 구축했다.

경기도는 학문적·사상적으로도 황해도와 충청도를 포함하는 기호 문화권의 중심부를 이뤘다. 하지만 해방과 함께 외세가 한반도를 가로지른 38선이 한국전쟁 이후 군사분계선(휴전선)으로 고착되면서 경기 북부 지역은 분단을 상징하게 되었다.

한반도의 물류 동맥이었던 임진강과 한강이 합류하는 교하 지역은 20세기 초까지만 해도 서울과 개성을 이어주는 교통 요충지로 번영했지만 지금은 의미가 퇴색되었다.

접경은 다양한 요소가 만나는 지점이다. 이질적인 것들이 부딪치고 맞물리면서 새로운 것들로 채워지고 그동안 없었던 삶과 문화가 솟아났다가 사라지며 새로운 가능성을 품고 있는 개방적 공간이다.

역사를 보면 접경은 중앙정부의 정책적 개입과 무관하게 자연 발생적인 초경계적 협력과 통합 과정이 진행된 지역으로 지역 간 상호의존과 관용, 새로운 문화의 탄생 등 다종다양한 모습을 빚어낸 역동적이고 창조적인 장소에 가까웠다.

하지만 대한민국의 '접경 지역 지원 특별법'이 규정하고 있는 '접경'은 이런 의미보단 폐쇄적인 '국경'에 더 가깝다. 접경 본연의 역할인 교류를 더는 수행할 수 없기 때문이다.


## 접경 지역을 생명의 공간으로

1953년 7월 27일 정전협정이 맺어지고 서해안의 임진강 하구에서 동해안의 강원도 고성까지 248km에 걸쳐 휴전선이 그어졌다. 이 선을 중심으로 남과 북으로 각각 2km씩 총 4km를 설정해 이 공간에는 군대 주둔이나 군사시설 설치를 금지하도록 했다.

이곳이 바로 비무장지대로, 당시 정전협정을 맺은 곳이 판문점이다. 정전협정에 따르면 무기도 배치할 수 없어서 비무장지대로 명명되었지만, 지금 이곳은 중무장 상태다. 남한과 북한이 진지를 구축하고 지뢰를 대량으로 매설했기 때문이다.

비무장지대와 인접하고 있다는 이유로 그동안 소외되었던 경기 북부 지역의 개발 필요성을 제기하는 지역 주민들의 목소리를 귀담아들어야 한다.

하지만 배후 거점 도시와 동떨어져 있고 노동력 공급도 쉽지 않은 접경 지대에 제조업 위주의 대규모 산업 단지를 개발하는 건 경제적으로도 실효성이 적다. 오히려 제조업 중심의 발전 모델에서 벗어나 천연생물자원을 활용한 미래형 신산업 경제로 전환해야 한다.

남북 접경 지대에 평화 · 화해 · 공존 관련 국제적 연구 기관을 유치하고 환경 · 의료 · 생명공학 기술에 농생명과학기술을 적용한 그린 바이오 산업 · AI · 정보통신 기술 분야를 가르치는 교육기관을 설립해 관련자들이 체류하는 연구 · 개발 도시 건설도 생각할 수 있다.

이러한 연구 및 교육기관은 연구개발 역량이 취약한 중소기업에 필요한 기술을 개발하는 데 도움을 줄 수 있다. 그리고 잘 알려지지 않았지만, 세계적인 경쟁력을 보유한 강소기업을 의미하는 히든 챔피언의 투자 유치와 지역 내 기업과의 협업 확대가 대기업 유치보다 더 효과적이다.

접경 지대는 정치 · 사회적으로는 주변부에 머물지만 자연 생태계가 살아 있는 환경보호 지역으로 민간인 출입이 제한되고 인구 밀도가 상대적으로 낮아 인간이 자연에 내포된 공간이기도 하다.

독일에선 '죽음의 선'으로 불렸던 옛 동서독 국경을 녹색띠를 뜻하는 '그뤼네스반트'로 변화시켰고 냉전 시대에 '철의 장막'이 있던 국경 지대가 생태보호구역으로 지정되었다.

비무장지대에는 각종 야생 조류와 양서·파충류 종이 출현하고 있는데, 지구온난화 등 급속한 기후 변화에도 이곳의 서식 환경이 좋기 때문이다. 특히 이곳에는 멸종위기 야생생물 101종을 포함해 야생생물 5,929종이 살고 있다.

생태학적으로 위기라는 이 시대에 경기 북부 지역은 천혜의 보고를 보존하는 공간으로 거듭나야 한다. 잘 보전된 생태 환경과 풍부한 역사·문화·관광 자원을 활용한 생태관광 상품과 프로그램 개발은 경기 북부 지역의 잠재 성장력을 일깨우는 시발점이 될 수 있을 것이다.


## 접경 지역을 평화의 상징으로

본래 하나였던 나라가 둘로 나뉘면서 경기 북부는 한반도의 중심에서 주변으로 밀려났다. 이곳을 변두리로 만든 당사자는 제2차 세계대전 이후의 소련과 미국이었다.

이 두 제국은 민족 해방을 맞은 조선에 자의적으로 38선이라는 군사분계선을 획정했다. 우리 의사와 상관없이 외세가 강제로 구축한 분계선으로 국토가 분단되고 남한과 북한이라는 두 국가가 성립된 것이다.

그렇게 경기 북부 지역은 한반도의 남과 북을 잇던 교역과 유통의 중심지에서 주변부로 전락했다. 이 모든 일이 그들의 이해에 따라 속전속결로 지역민의 의사와 상관없이 처리되었다.

경기 북부 지역이 서울의 변방이 아니라 한반도의 중심이 되려면 정부와 접경 지자체가 협치 관계를 구축해 유연한 국경 정책을 모색해야 한다.

중앙정부가 일방적으로 추진했던 기존의 하향식 정책이 접경 지역의 긴장 완화에 구체적 성과를 내기 어려운 상황에서 새로운 돌파구가 될 수 있다. 접경 지역 지자체도 초국가적 관점에서 국경을 생각하고 접경 지역을 협력 공간으로 이해하는 인식 전환이 필요하다.

이웃 간의 경계선에 세워진 담은 공동 관리를 하지 않던가. 삼면이 바다인 대한민국은 북쪽마저도 폐쇄되면서 지난 70년간 고립된 섬과 같았다.

이러한 지리적 폐쇄성은 우리의 사고를 편협하고 배타적으로 만든다. 유일하게 인위적으로 설정된 경계선인 비무장지대는 우리의 노력에 따라 생명선이 될 수도, 죽음의 선으로 변할 수도 있다.

남북한 접경 지대의 생태 평화와 환경보호 사업을 진행하고 있는 한스자이델재단 한국 사무소와 같은 국제적인 비영리 공익단체 역시 국경 협력의 대안적 경로를 제시한 바 있다. 중앙정부와 접경 지자체는 국경 위기를 해결하고자 국제기구, 개발 협력 기구와 공조하며 다자적 협력을 모색해야 한다.

독일이 동서독 양국 간의 교류 못지않게 유럽 주변국들이 동참하는 다자적 안보 환경을 조성해 통일을 달성했다는 사실은 시사하는 바가 크다.

협력 분야에서도 변화가 요구되는데, 접경 지역의 긴장을 완화하려면 환경과 교육 등 비정치적 영역에서 먼저 시작하는 게 좋다. 장기적으로 경기 북부 지역은 접경 전문가를 육성하는 교육 프로그램 개발에 역점을 둬야 한다. 전문 지식을 갖고 접경 공간의 현안에 대한 중장기 정책 비전을 제시할 수 있는 전문가가 어느 때보다 필요하다. 세계에서 가장 위험한 군사분계선이 평화와 생명의 공간으로 바뀌었으면 한다.

신뢰감이 담보되어야 할
정치가의 제스처

서양의 중세 시대(대략 서기 500년부터 1500년까지, 중세 천년으로 불리며 기사와 대성당, 십자군 전쟁, 르네상스 시대이기도 하다)에는 표정, 손짓 등 신체 동작으로 의사나 감정을 표현하고 전달하는 '몸짓언어'를 일반적으로 사용했다. 문자 해독률이 매우 낮아 사람들이 자기 생각을 글보다 몸의 언어인 제스처로 전달했기 때문이다.

그래서 중세를 두고 '제스처의 시대'라고도 한다. 하지만 코로나-19로 직접 소통하기가 어려워지고 언택트(Untact, 비대면 접촉)와

온택트(Ontact, 온라인을 통한 소통)가 일상이 되면서 언어적 소통은 한계를 드러냈다.

그러자 개인의 의사를 빠르고 명료하게 표현하는 수단으로 말보다 비언어적 몸짓을 사용하기 시작했다. 디지털 이모티콘과 아바타가 제스처를 만들어 내는 '제스처 라이프'가 다시 시작된 것이다.

## 중세 시대의 '몸의 언어'

전통 시대에는 정보 전달의 수단이 부족하고 속도도 느리다 보니 통치자들에겐 국정 운영을 홍보할 효과적인 방법이 필요했는데, '보여주기식 정치'가 바로 그것이다.

언론 매체로 백성들에게 국가 정책을 따를 걸 설득하지 못하자, 공개적인 장소를 택해 많은 사람 앞에서 화려하고 엄숙한 의식을 성대하게 거행한 것이다. 일을 제때 하지 않다가 뒤늦게 서두르는 걸 핀잔할 때 "사또 떠난 뒤에 나팔 분다"라고 한다.

지금은 대통령이 수해 현장을 방문한 일을 SNS를 이용해 실시간으로 알리지만, 과거에는 사또의 공적인 행차를 나팔 불고 북을 쳐 사람들에게 널리 알렸다. 비록 방법과 속도에 차이가 있지만 옛날에도 정치는 대중의 시선에 개방되어 있었다.

1300년대 스페인에서 제작된 중세 평화의 키스 장면이 담긴 그림. 중세인이 의례적 제스처에 몰두한 것에는 정치 질서와 상대방에 대한 존중의 의미가 담겨 있었다.

중세의 중요한 결정 사항은 일반 대중에게 상징적 제스처로 공표되었다.

지금도 그렇지만 중세에도 새로 서품되는 성직자는 바닥에 엎드려 부복(俯伏) 기도를 올리고 "예, 여기 있습니다!"라는 말과 함께 주교에게 안수를 받았다. 또한 상위 군주에게 복종을 맹세한 귀족은 무릎을 꿇고 두 손을 공손히 모아 주군의 손 사이에 넣는 식으로 봉건적 주종 관계를 맺는 의식을 거행했다.

평화 협정을 체결하거나 동맹 관계를 맺는 날에는 나팔 소리가 들리는 가운데 군주들의 입성식이 진행되고 구경꾼이 모여들면서 주민 축제로 바뀌었다.

분위기는 들뜨고 정치가들의 동작과 몸짓도 극대화되었다. 두 통치자가 말을 타고 서로에게 다가가 '평화의 키스'(osculum pacis)를 나누는 장면이 바로 그런 것이다.

이 모든 게 오늘날에는 책상 앞에 마주 앉아 계약서에 서명하는 것으로 마무리된다. 하지만 단순히 서류에 서명하기보다 동의와 평화의 의사를 몸으로 직접 눈에 보이게 밝힘으로써 그 구속력은 더욱 강해지는 법이다.

## 위기를 기회로 만드는 무언의 제스처

요즘도 서양의 정치인들은 양쪽 볼을 서로 대는 볼 키스나 손에 입을 맞추는 손 키스를 주고받지만 중세에는 동맹과 신뢰의 상징으로 손잡음, 껴안음, 평화의 입맞춤을 하는 게 관례였다. 의도적으로 기획되어 연출된 공적 행위였다.

그러고 보니 국내에서도 몇 해 전 모 정당의 두 중진 의원이 '영혼 없는' 어색한 화해를 하는 입맞춤 사진이 공개된 적이 있지만, 중세

1520년 잉글랜드 국왕 헨리 8세(오른쪽)와 프랑스 프랑수아 1세가 프랑스 북서부 칼레 인근에서 만나는 장면. 양국 통치자는 사전에 합의된 각본에 따라 말 위에서 세 번 포옹하고 말에서 내려 다시 한 번 포옹했다. 19세기 영국 화가 존 길버트의 그림.

인들은 진실한 마음을 몸으로 직접 표현하는 걸 제스처라고 했다.

중세 정치가들의 친밀하고 반복적인 스킨십은 남성 간 동성애로 오해받을 정도로 꾸밈없고 진정성 있었다. 호기심 가득한 수많은 사람의 열기로 후끈 달아오른 분위기 속에서 정치가들이 가식적인 모습을 거두고 진심을 꺼내 보인 것이다.

중세인들이 의례적인 제스처에 몰두한 건 정치 질서와 상대방을 존중하는 표현이 담겨 있기 때문이다. 의례를 준수하는 일은 곧 이익을 주고받는 공생과 상대방을 존경한다는 의사 표시를 뜻했다.

이렇듯 의례화는 오만함 같은 즉흥적인 감정 표현을 억제할 수 있다. 그래서 정중함을 시들어 버린 미덕이라고도 하지만 독일의 문호 요한 볼프강 폰 괴테가 "정중함은 윤리 의식에서 비롯한다"라고 했듯 정치가의 제스처에는 마땅히 지켜야 할 행동 강령이 따른다.

아름다운 제스처는 감동을 주기도 한다. 무성영화가 말소리 없이 손동작 같은 제스처만으로 관객에게 깊은 감동을 주듯 말이다. 각종 혐오 발언이 쏟아져 나오고 막말이 난무하는 소음의 시대에 정치가들이 보여주는 무언의 제스처는 많은 걸 이뤄낼 수 있다.

중세 기사들이 전쟁터에서 보여준 '일요일에는 침대에서 편하게 자지 않기' '전쟁에서 승리할 때까지 금요일에 고기 먹지 않기' '옷 벗지 않기' 등의 모습은 실제로 강한 효력을 발휘했고 사람들을 감동시키기에 충분했다.

신념에 따른 진정성 있는 행동에 존경과 감사의 마음이 생기는 법이다. 매년 우리는 광복절을 맞아 광복의 의미를 되새긴다. 해마다 잊지 않고 이날을 기억하고 기념하는 데는 순국선열들의 희생정신을 기리려는 뜻이 담겨 있다. 그들은 조국 광복을 위해 말이 아닌 온몸을 던지는 행동을 직접 했다. 그래서 광복절은 빼앗긴 주권을 되찾고자 목숨을 바친 애국지사들의 희생정신을 기리는 날이다.

무책임한 말과 진정성 없는 보여주기식 제스처로는 나라를 위기에서 구할 수 없다. 국민에게서 권력을 위임받은 정치인은 나라를 살리고자 자신을 먼저 내놓아야 한다.

ГОСПОДИ! ПОМОГИ МНЕ ВЫЖИТЬ

СРЕДИ ЭТОЙ СМЕРТНОЙ ЛЮБВИ

MEIN GOTT, HILF MIR, DIESE TÖDLICHE LIEBE ZU ÜBERLEBEN

1979년 동독을 방문한 당시 소련 공산당 서기장 레오니트 브레즈네프(왼쪽)와 동독 공산당 서기장 에리히 호네커의 입맞춤 장면을 그린 벽화. 1990년 독일 통일 이후 남아 있는 베를린 장벽에 그려졌다. ⓒ독일연방아카이브 제공

 진정으로 위기를 기회로 만들고자 한다면 국민을 위해 희생하겠다던 '분골쇄신'의 약속을 무엇보다 먼저 지켜야 한다.

## 국격에 걸맞은 정치가의 제스처

 정치에서 제스처는 일종의 게임 규칙과 같으며 정치가의 제스처는 정해진 절차와 방식을 따르는 공적 의례와 같다. 정치는 공적 영역에서 행해지기에 더욱 규칙을 지키고 공정성을 확보해야 한다.

이 형식에서 벗어나는 무례함은 상대방에게 정신적·육체적 상처를 주기에 용납되지 않는다. 공적인 장소에서 표현되는 정치가의 제스처는 공적 선언과 다름없는 것이다.

중세의 '신종선서'는 상호 신뢰를, '평화의 입맞춤'은 화해와 우정을 공개적으로 천명하는 제스처였다. 예나 지금이나 국민이 정치가의 제스처에 공증인으로서 참관하고 있다는 걸 잊지 말아야 한다. 무엇보다 국민 앞에선 솔직하고 거짓이 없어야 한다.

정치가들의 활동 공간은 국민과 만나는 장(場)이다. 따라서 정치가는 '장'에서 국민의 동의를 구해야 하고 합당한 제스처를 사용해야 한다. 정책을 일방적으로 홍보하는 게 아니라 '정치적 의례'에 참여하는 국민이 권력의 주인이라는 걸 확인해줄 제스처를 해야 한다.

이미지가 무한 복제되는 시대에 살고 있는 우리는 자기 행동을 나중에 보정(補正)할 수 있다고 착각하지만 원본만이 '아우라'(복제품이 흉내 낼 수 없는 고상함)를 가질 수 있다.

우리 행동은 원칙적으로 복제할 수 없으며 사이비 아우라만 재생될 뿐이다. 시각 이미지를 무한 복제하는 게 불가능했던 중세 시대에는 다시 없을 '지금 이 순간, 지금 여기'가 중요하고 의미 있었다.

정치가는 대중이 보는 앞에서 자신의 정치 메시지를 직접 전달하는 게 중요했다. 그 순간 통치자들은 남의 이목을 의식해야 했기에 마음가짐과 행동이 더욱 진중할 수밖에 없었다.

　동동서고금을 막론하고 정치 공간에는 형식과 의례가 필요하다. 위선과 가식으로 치장되지 않고 진정성 있게 수행되는 의례 말이다. 그러면 정치가 조금 덜 희화화되리라.

　절망에 빠진 국민이 원하는 건 선거가 끝나면 무위로 돌아가는, 각종 공약을 남발하는 겉만 번지르르한 정치적 제스처가 아니라 국민이 당하는 고통을 대신 짊어지는 자기희생적 모습이다. 국정 운영을 담당하는 정치가들은 국민에게 신뢰감을 주는 진중한 제스처를 할 걸 엄중히 요구한다.

3부

# 위기를 기회로 만든
# 성찰과 교류의 역사

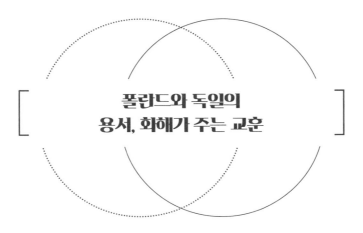

## 폴란드와 독일의
## 용서, 화해가 주는 교훈

한 해를 되돌아보고 새해를 바라볼 때면 사진 한 장을 마주한다. 인류 역사상 가장 영향력 있는 사진으로 세상을 바꿨다고 평가받은 '빌리 브란트의 무릎 꿇기'다. 1970년 12월 추운 겨울날 서독 총리로는 처음으로 이웃 나라 폴란드를 방문한 브란트는 바르샤바 유대인 위령탑 앞에서 나치 독일의 유대인 대학살을 사죄했다. 겨울비에 젖은 바닥에 무릎을 꿇고 속죄하는 그의 모습은 '20세기 정치사에서 가장 극적인 장면'으로 기억된다.

서독의 빌리 브란트 총리가 폴란드와의 화해를 위해 사죄한 이래
독일의 역대 정치 지도자들은 거듭해 독일의 과거사를 참회했다.

## 독일과 폴란드의 끊이지 않는 적대감

독일과 폴란드는 서로 국경을 맞대고 오랫동안 다툼을 벌인 앙숙
지간이었다. 18세기 말부터 독일은 폴란드의 서부 지역을 100년 이

상 점령한 채 폴란드의 민족정신을 말살하려 들었다.

제1차 세계대전이 끝나고 1919년 베르사유 조약으로 마침내 폴란드가 독립을 쟁취하면서 독일이 점령했던 영토의 상당 부분이 폴란드로 다시 귀속되었다.

그러자 양국의 적대감은 최고조에 달했다. 독일은 신생 국가인 폴란드를 '강도 국가'로, 폴란드인을 '늑대'나 '들쥐'로 묘사했다. 반면 폴란드는 수복된 땅이 본래 폴란드 영토였다고 주장하면서 약탈적이고 제국주의적인 독일 역사를 부각했다.

결국 아돌프 히틀러의 나치 정권은 1939년 '독일인의 고유한 영토' 탈환을 구실로 폴란드를 침공했다. 그렇게 '탈환된' 지역에선 본격적으로 재독일화가 진행되었고, 제2차 세계대전 중에 폴란드인 600만 명이 사망한 것으로 알려졌다.

이는 폴란드 전체 인구의 1/5에 해당하는 수치다. 잘 알려졌듯 독일은 아우슈비츠 등에 집단 학살 수용소를 세우고 폴란드계 유대인 200만 명 이상을 학살하기도 했다. 그 외에도 곳곳에서 수많은 폴란드군 포로와 민간인들이 고문당하거나 잔인하게 학살당했다.

제2차 세계대전 직후 독일과 폴란드 사이에 남북으로 472$km$에 달하는 새로운 오데르-나이세 국경선 확정되었다. 그 결과 양국의 국경선이 옛 독일 영토 안으로 200$km$ 정도 옮겨지면서 폴란드는 한반도 남한 면적보다 넓은 땅을 패전국 독일로부터 추가로 얻어냈다.

제2차 세계대전 당시 독일에 의해 파괴된 폴란드 바르샤바. 나치 독일의 침공에 폴란드는
속수무책으로 당했고 엄청난 인적·물적 피해를 입었다.

이곳은 곡창지대이자 공업지대로 철강·석탄의 주요 산지였다.
조상 대대로 이 지역에서 살던 독일인의 추방은 신속하고 조직적으
로 진행되었다. 독일인 강제 이주는 포츠담회담에서 연합국이 합의
한 일로, 회담에선 추방을 인도적으로 해야 한다고 결정했으나 현실
과 동떨어진 것이었다.

폴란드로 새롭게 귀속된 국경 지대에서 400만 명 이상이 강제 이
주되는 동안 독일인들은 폴란드인의 잔혹 행위에 속수무책이었다.
나치 정권이 폴란드인 600만 명을 살해한 것에 대한 일종의 보복 행
위였다.

새로운 국경은 양국 모두에서 적개심과 민족주의의 부활을 부

제2차 세계대전이 끝나고 폴란드에서 추방당하는 독일인들. 이들은 수 세기 동안 살았던 고향에서 쫓겨났다.

추겼다. '피추방민협회'를 결성한 독일의 강제 추방민들은 사과와 보상을 요구했다. 서독으로 이주한 이들은 보수당인 기독민주당 (CDU)과 기독사회당(CSU)의 주요 지지 세력이 되었고, 결코 무시하지 못할 중요한 정치 세력으로 성장했다.

이들이 중심이 되어 실지 회복을 정강으로 내세운 '피추방민' 정당은 1953년 선거에서 5.9%를 득표했고, 서독의 초대 총리인 기독민주당의 콘라트 아데나워는 정당의 핵심 지도자들을 각료로 임명했다. 이들이 극우 세력화해 또다시 나치와 같은 집단이 등장하는 걸 미연에 방지하려는 것이었다.

# 가해자를 움직인 피해자의 용서

종전 20주년을 맞은 1965년 공산 치하의 폴란드 가톨릭 주교단은 서독 주교단에 서신을 보냈다. 서신은 지난 천년 동안 양국 관계사에서 긍정적인 역사적 국면들에 주목했다.

두 나라 관계가 틀어지기 전에 정치 · 경제 · 학문적으로 서로 얼마나 의존했는지, 이러한 초경계적 상호작용이 유럽의 평화 공존 구축에 어떤 공헌을 했는지 기억해 낸 것이다. 서신은 다음과 같은 문구로 마무리되었다.

"(양 국민 간의) 끔찍한 과거 때문에 괴로운 상황에도 불구하고 … (과거를) 잊으려고 노력합시다. 극단을 지양하고 … 이제는 대화를 시작합시다. … 우리는 여러분의 손을 잡고자 합니다. … 우리는 여러분을 용서하며 또한 여러분으로부터 용서를 구합니다."

나치 독일의 희생자였던 폴란드 가톨릭 교회가 가해자를 용서한 것이다. 훗날 '감동적인 화해 문서' '폴란드와 독일의 대화를 이끈 편지' '화해의 아방가르드'로 평가된 이 서신은 냉전 시대 폴란드와 서독 사이에 대화의 물꼬를 트는 계기가 되었다.

이러한 화해 분위기는 서독 정부에도 영향을 줘서 1970년 브란트 총리가 폴란드를 방문하고 신동방 정책을 추진하는 발판이 되었다. 하지만 추방민들은 분노했고 브란트를 '빨갱이들에게 독일의 영혼을 팔아넘긴 매국노'라고 하며 맹공을 퍼부었다. 그러나 서독 정부는 아랑곳하지 않고 과거 잘못을 반복적으로 사죄하고 피해자들에게 용서를 구했다.

그러자 폴란드도 화답했다. 폴란드의 지식인들은 독일인을 추방하는 과정에서 잘못을 저질렀다는 걸 인정했다. 하지만 반체제 세력들은 폴란드 공산당 지도부가 독일에 대한 적대감을 이용하고 국경을 정권 유지 수단으로 도구화했다고 비난했다.

양국의 정치인들뿐만 아니라 지성인과 학자들은 서로를 초청해 화해와 공존을 위한 대화를 본격적으로 시작했다.

## 용서라는 선물

폴란드와 독일의 용서와 화해 과정은 우리에게도 교훈을 준다.

① 가해자에게 응당한 처벌을 내리는 게 정의라며 극단적인 응징이나 보복을 하는 대신 진실을 규명하려고 노력하되 미래를 위한 화해와 치유에 무게를 두는 '회복적' 접근이 중시되었다. ② 상호 관계를 개선하고자 서로에 대한 부정적 감정과 불신을 극복하고 연대와 상호 신뢰를 강조했다. 이를 위해 두 나라의 역사적 동질성과 같은

유럽이라는 지역적 정체성을 다시 소환했다. 두 나라가 국경을 넘나들던 초경계적 상호 교섭과 연대의 역사적 경험은 '함께 살아감'의 가능성을 보여주기 때문이다. ③ 가해자에 대한 연민과 공감대도 언급되었다. 나치 치하에서 고통받았던 반나치 저항 운동에 경의를 표하고, 많은 독일인 역시 자신들과 함께 강제수용소에서 희생되었다는 점을 지적했다. ④ 폴란드는 제2차 세계대전 이후 독일인 수백만 명을 강제 추방했음을 인정하면서 자신들이 피해자인 동시에 가해자였다고 고백했다. 서로가 피해자이자 가해자라는 것이다. ⑤ 피해자의 용서는 마치 선물과 같아서 자신의 잘못을 진정으로 회개하는 정치의 장으로 가해자를 초대할 수 있었다. ⑥ 피해국 폴란드는 자신이 받은 고통과 상처를 잊고 치유하기를 희망하면서 양쪽 모두 불행한 과거를 잊자고 제안했다. 용서는 사건 이전의 관계로 돌아간다는 걸 의미한다. 고통의 기억에서 해방될 때 피해자는 가해자에게 용서라는 선물을 줄 수 있고 양쪽 모두 상처를 치유할 수 있다. ⑦ 화해 과정을 주도한 행위 주체다. 독일과 폴란드에선 종교인·학자·지식인 등 비정치적 분야의 지도자 간 화해가 선행되었다. 역사의 도구화와 정치화를 비판했던 이들의 노력으로 국가 간 화해를 하기 위한 미래지향적 논의가 진행되었다. ⑧ 용서는 대화와 화해의 끝이 아니라 새로운 시작이라는 사실이다.

서독과 폴란드는 '용서의 편지' 이후 가해와 피해의 구분을 넘어선 역사 대화를 진행한 결과 총 네 권으로 된 공동 역사 교과서를 편찬할 수 있었다.

갈등 관계에 있는 집단은 역설적이게도 가까이 지내는 이웃으로 오랜 기간 서로 잘 알던 사람들이다. 너무 가까워서 불편한 이웃이었던 양국은 젊은 세대에게 역사 전쟁이 아닌 화해를 목적으로 역사 교육을 시행 중이다.

용서라는 단어는 그리스어로 '아페시스'(aphesis)인데 '빚을 면제해 줌'을 뜻한다. 상대에 대한 분노의 감정에 얽매여 과거에만 머문다면 자신을 위해서도 결코 좋은 일이 아니다. 따라서 용서는 가해자와 피해자 모두를 빚에서 해방되게 해주는, 그래서 서로 주고받는 일종의 선물과도 같은 것이다.

용서는 잘못으로 뒤엉킨 삶의 자리에 낡은 감정을 지워 버리고 더 나은 것으로 채우는 선물이다. 강제할 수 없지만 주어지면 좋은 게 선물이다. 용서는 나 자신을 위해 무거운 짐을 놓아 버리는 행위이기도 하다. 이제 나를 위해 용서하자. 용서할 수 없으면 잊기라도 하자.

## '대립하는 것은 상호보완적이다'라는 말의 의미

2023년 1월 22일, 에마뉘엘 마크롱 프랑스 대통령과 올라프 숄츠 독일 총리가 프랑스 파리의 엘리제궁에서 만났다. 프랑스와 독일의 화해와 협력 조약인 '엘리제 조약' 체결 60주년을 기념하기 위해서였다.

나치의 침공으로 받은 어마어마한 재산과 인명 피해로 전쟁의 상흔이 채 가시지 않았지만, 프랑스의 샤를 드골은 1963년 1월 22일 서독과 양국 관계에서 신기원을 확립한 조약을 체결했다.

민족주의자 드골은 직전까지도 독일이 지난 145년 동안 프랑스를 일곱 번 침략하고 파리를 네 번 점령했다는 점을 노골적으로 비난하곤 했다. 그러나 그는 식민지 국가들의 독립과 같은 어려운 국제 여건 속에서 '위대한 프랑스'의 재건이라는 국익을 위해 적과의 동침을 선언했다.

## 둘도 없는 원수에서 신뢰하는 동반자로

프랑스의 작가 알퐁스 도데가 쓴 단편소설 「마지막 수업」을 기억하는가? 이 소설은 아멜 선생님이 '오늘 수업이 프랑스어로 하는 마지막 수업입니다. 내일부터는 독일어를 공부하게 됩니다'라고 말한 후 교실 칠판에 'Vive La France!'(프랑스 만세)라고 적으면서 끝을 맺는다.

소설의 배경은 1870년에 벌어진 프로이센-프랑스 전쟁의 승리로 독일이 프랑스로부터 빼앗은 알자스-로렌 지방이다. 두 나라 접경지에 있는 이곳은 이후에도 여러 차례 영토 분쟁에 휘말렸다. 독일은 제1차 세계대전에서 패하면서 이곳을 프랑스에 반환했다가 1940년에 무력으로 다시 합병했다.

여기서 태어난 청년들은 제1차 세계대전 때는 독일군으로 소집

수업 중인 교사가 학생에게 독일에 빼앗겨 검은색으로 표시된 알자스-로렌 지역을 가리키고 있다. 프랑스 화가 알베르 베타니에의 1887년작 〈검은 점〉.

명령을 받았고, 1940년에는 프랑스 군복을 입고 나치 군대에 대항해야 했다. 주민들이 자신들의 의사와 관계없이 국적을 여러 번 바꿔야 했던 웃지 못할 희비극이 연출된 것이다.

독일과 프랑스가 자국 언어를 사용하라고 강요했던 알자스-로렌 지역의 중심 도시는 스트라스부르로, 지금은 여기서 독일과 프랑스 합작 공영방송 아르테(ARTE)가 운영되고 있다. 1992년부터 주로 예술·영화·역사·시사 등 문화 콘텐츠를 제작해 동일한 프로그램을 독일어와 프랑스어로 동시에 송출한다.

그야말로 격세지감이 들지 않을 수 없다. 지난 두 세기 동안 서로 원수처럼 여겼던 두 국가가 협력해 국경 지대에 공영방송 설립이라는 유례없는 시도를 할 정도로 신뢰하는 동반자가 된 것이다. 양국은 줄곧 서로에게 최대 교역 파트너 가운데 하나이기도 했다.

## 미래 세대로 이어진 '엘리제 조약' 효과

엘리제 조약 이후 양국의 동반자 관계는 1970년대 발레리 지스카르데스탱 · 헬무트 슈미트, 1980년대 프랑수아 미테랑 · 헬무트 콜을 거치면서 더욱 공고해졌다.

양국 관계의 정상화 못지않게 우호 협력 관계를 지속하려는 의지가 더 중요했다는 걸 의미한다. 우파와 좌파의 정권 교체라는 국내 정치에 따라 양국의 대외 관계가 변하지 않고 정권 차원의 문제를 넘어섰다는 걸 의미한다.

회복된 쌍방의 상호 신뢰는 통일 독일의 핵무장을 우려했던 프랑스가 1990년 독일 통일에 동의하는 배경이 되기도 했다. 기성세대의 오랜 노력은 미래를 책임질 청년세대로 이어졌다.

엘리제 조약 체결 40주년을 맞은 2003년에 양국 청소년들은 '무지에 따른 선입견을 줄이고자 같은 내용의 역사 교과서 도입'을 제

역병, 전쟁, 위기의 세계사

1963년 1월 22일 프랑스 파리 엘리제궁에서 프랑스와 당시 서독은 '엘리제 조약'을 체결하면서 외교, 방위, 교육 부문에서 긴밀한 협력 관계를 약속했다.

안했고, 이 요청을 두 나라 정상이 받아들이면서 2006년에 같은 내용으로 구성된 독일·프랑스 공동 역사 교과서가 출간되었다. 사상 초유의 국가 간 공동 역사 교과서를 만드는 의미 있는 작업이었다.

독일·프랑스 교과서 협력을 위해 독일 측에선 게오르그 에케르트 국제교과서연구소(GEI)가 주도적인 역할을 했다. 이 연구소는 1970년대부터 독일과 폴란드의 역사 교과서 개선 활동 실무도 맡고 있었다. 폴란드는 제2차 세계대전 중 나치에게 폴란드계 유대인 200만 명을 포함해 전체 인구의 1/5인 600만 명이 살해당했다. 더욱이 역사 대화가 시작될 무렵 폴란드는 공산 정권의 서슬이 파랬다.

이러한 최악의 상황에도 양국 학자들은 상호 신뢰 아래 민족적 편견을 극복하며 역사 대화를 지속해 나갔다. 그 결과 같은 내용을 각각 독일어와 폴란드어로 기술한 총 네 권으로 된 공동 역사 교과서를 편찬할 수 있었다. 공동 교과서가 만들어지려면 해당 국가들의 정치적 화해와 상호 이해가 전제되어야 했다.

엘리제 조약은 물론 1970년 서독과 폴란드가 맺은 '바르샤바 조약'이 국가 간 관계 정상화의 토대를 마련했다.

종교계 · 학계 · 문화계도 교류를 활성화하면서 정부와 민간 차원에서 화해 분위기가 다양한 형태로 조성되었다. 엘리제 조약 이후 독일과 프랑스 청소년 900만 명 이상이 교류 사업으로 상대방 국가를 방문했고, 2천 개 이상의 도시가 자매결연을 했다.

한때 원수지간이었던 프랑스 · 독일 · 폴란드는 이제 유럽이라는 같은 배에 몸을 싣고 가슴에 맺힌 응어리를 가라앉히며 서로 아픈 상처를 어루만져 주고 있다. 공동 역사 교과서는 미래 세대에게 지속가능한 공존과 번영의 항로 표지 구실을 한다.

독일 · 프랑스, 독일 · 폴란드 공동 역사 교과서는 '자국 중심의 역사 서술에서 벗어나 다자적 관점과 교차적 접근을 통한 역사 서술'을 시도했다. 학습자에게 상대방 관점에서 역사를 읽는 역지사지의 방법론이 이 교과서들의 큰 특징이라고 할 수 있다. 흑백논리가 아

1916년 제1차 세계대전 중 독일과 프랑스가 벌인 가장 큰 전투로 꼽히는 베르됭 전투 장면.

닌 '두 가지 시각'에서 자신을 바라볼 기회를 얻은 것이다.

사건을 서술할 때 상대 국가의 교과서에 실린 내용을 소개함으로써 다른 나라 학생들은 그 문제를 어떻게 생각하는지 보여주고자 했다. 학습자가 편협한 민족주의적 관점이나 불관용적 태도에서 벗어날 수 있게 했다.

흑백논리는 문제의 해결점이 될 수 없다는 공감대가 형성되면서 역사 해석의 양자택일적 논리를 지양하고자 했다. 기존의 역사 서술은 유사성보다 차이점을 드러내면서 상대편을 모든 고통의 근원이자 악마적 존재로 묘사했다. 이웃 나라 역사의 부정적 측면만 따진다면 상대방에 대한 불확실성과 두려움을 불러일으킬 뿐이다.

이러한 우려를 해소하는 게 역사 교육의 중요한 임무다. 애초에 이웃을 적으로 규정하면 상대방 처지를 이해하려는 역사 대화는 불가능해진다. 그리고 쌍방향적 기억의 복원은 국가적 자부심만 강조하지 않고 자신의 폭력적 역사를 반성하고 회개하는 계기를 만든다.

독일·프랑스, 독일·폴란드 공동 역사 교과서 협의는 합의가 어려운 주요 쟁점에 대해선 상이한 해석을 병렬적으로 서술하는 데 만족해야 했다.

비록 두 가지 다른 시선이 존재함을 확인할 수밖에 없었지만, 이 역시 지속적인 대화를 바탕으로 한 쌍무적 교과서 협력의 결과였다. 동일한 대상도 관찰 각도에 따라 다르게 보이듯 하나의 사건도 서로 다르게 해석된다는 걸 인정한 것이다.

독일·프랑스, 독일·폴란드 역사 대화는 현재의 관심이나 관점에서 과거를 이해하고 재단하려는 현재주의적 태도를 지양했다. 현재의 렌즈로 과거를 보면 역사 왜곡으로 이어질 수 있기 때문이다. 새로 제정된 법률로 소급 적용해 과거를 단죄하는 '소급 적용의 오류'는 역사 전쟁의 종식을 더욱 어렵게 만든다.

1984년 베르됭 전투가 벌어졌던 곳에서 합동 추모식을 열고 프랑수아 미테랑(왼쪽) 프랑스 대통령과 헬무트 콜 독일 총리는 손을 맞잡았다. ⓒ독일 CDU 제공

## "적에게 늘 화해의 문을 열어 놓아라"

역사 교육은 학생들에게 획일적인 국가적·민족적 정체성을 길러주는 수단이 아니라 자성적 관점을 길러준다. 그러려면 역사 교육은 일국사(一國史) 중심에서 벗어나야 한다. 역사 교과서는 국가 정책을 홍보하는 관용(官用) 역사책이 아니다.

국경을 초월한 상호 교섭에 주목해 국가 간의 정치·경제·사상·문화 등 다양한 영역의 상호 관계사와 교섭사를 가르쳐야 한다.

국가 간의 역사가 만나고 충돌하며 공생하는, 즉 서로 얽혀 있었다는 걸 보여줘야 한다. 양국 간 또는 삼국 간 역사 대화는 자국의 어두운 과거를 인정하는 용기와 희망을 불어넣을 수 있다.

유럽의 교과서 협력이 많은 주목을 받는 또 다른 이유는 상대방의 관점을 빌려 자국 역사를 비판적 시각에서 바라보는 기회를 줬기 때문이다. 역사 대화는 죄를 고백하고 용서를 구하는 화해의 문이자 동시에 고난의 문이기도 하다.

하지만 '당신의 적에게 늘 화해의 문을 열어 놓아라'라는 명언처럼 갈등을 해소하고 협력을 촉진하려면 적의를 품고 지금껏 한배에 올라탄 적이 없는 사람들도 필요에 따라 서로 도울 수 있다는 오월동주의 지혜를 배워야 한다.

아무리 원수 사이라도 어려운 처지에 놓이면 서로 단결한다는 오월동주가 적을 옆에 두고 잠들었다가 언제 상대한테 기습당할지 몰라 불안해하는 '적과의 동침'보다는 낫지 않을까?

'Contraria sunt complementa'(대립하는 건 상호 보완적이다)라는 라틴어 문구에 더욱 공감이 간다.

# 나쁜 역사의 재현을 막는 건 소소한 반복

몇 해 전 〈블랙 47〉이라는 영화가 개봉했다. 영화의 시대 배경은 아일랜드 대기근 때(1845~1849)로 제목의 '47'은 기근이 절정에 달했던 1847년을 일컫는다. 이 기근으로 100만 명이 죽고 150만 명이 먹고살고자 고향을 등지면서 아일랜드 전체 인구의 1/4 이상이 줄어들었다. 미국에 가면 잘살 수 있으리라 생각했던 사람들은 아일랜드 코브항을 떠나는 배에 몸을 실었다. 영화 〈타이타닉〉의 3등 칸은 그렇게 고향을 떠난 아일랜드 사람들로 가득했다.

1847년 런던에서 발간된 한 주간지에 실린 아일랜드 대기근 관련 삽화. 굶주린 아이들이 땅에서 먹을 것을 찾고 있다.

## 되풀이되는 실수를 막을 방법은 없지만

일반적으로 기근은 자연재해가 원인이라고 하지만 아일랜드 대기근은 정부의 신속하지 못한 초기 대응과 안이한 상황 인식으로 심화되었다.

기아 위기는 인간이 만든 것이다. 기근은 전쟁·질병과 더불어 인류가 해결하지 못한 고민거리로, 인류 역사의 3대 주적으로 불리며 여전히 인류에게 큰 위협이 되고 있다.

『호모 데우스』의 저자 유발 하라리는 전염병도 '인간의 정치가 부른 인재'라고 규정했다. 인간이 숲과 같은 자연을 개발이란 구실로 파괴하면서 기후 변화, 생태 교란과 더불어 새로운 감염병이 등장했기 때문이다. 생태계가 파괴되어 살 곳을 잃은 야생동물들은 새로운 서식지를 찾아 사람이 사는 공간으로 이동했다.

코로나-19를 비롯해 에이즈, 사스, 메르스 같은 신종 감염병의 75%는 야생동물에서 유래하는 인수공통감염병이다. 인간과 환경의 경계인 완충지대가 없어지면서 이른바 환경 전염병이 급속도로 전파된 것이다.

산업사회가 유발한 생태적 위기인 코로나-19는 인간과 자연 사이의 '생태적 거리 두기'라는 과제를 던졌고, 환경 파괴와 같은 사회적 문제에 대한 새로운 통찰과 삶의 근본적 변화를 요구했다.

인간은 예나 지금이나 같은 실수를 되풀이한다. 반복적 행위는 우리 몸과 마음에 체화되어 제2의 본성을 갖도록 만든다. 프랑스의 사회철학자 피에르 부르디외는 사회문화적 환경에 따라 결정되는 제2의 본성을 '아비투스'(Habitus)라고 했다.

'가지다, 소유하다, 확보하다'라는 뜻의 라틴어 동사 '하베레'

(habere)에서 유래한다. 인간은 행위를 재연해 새로운 본성을 갖게 된다는 뜻이다. 되풀이되는 실수로 우리는 전쟁·질병·기근이라는 이미 정해진 삶의 늪에 빠져든다.

하지만 나쁜 역사의 재현을 막을 방법은 있다. 인간 본성을 재생산하는 사회문화적 환경을 바꾸면 된다. 다행히 인간은 반복적 행동으로 저항의 힘을 만들고 기존 규범을 뒤흔드는 '전복적 반복'이라는 능력을 갖추고 있다. 본성은 관습의 반복적 행위로 생기지만 그에 따라 전복, 즉 재구성될 수도 있다는 말이다. 이를 입증하는 역사적 사례들은 차고 넘친다.


## 인간의 삶에 영향을 미치는 소소한 반복

유럽에는 12세기 말부터 '힐데군트'라는 여성 이야기가 전해온다. 그녀는 열세 살 때 아버지와 함께 예루살렘 성지 순례를 떠났다. 그러나 순례를 마치고 돌아오는 길에 아버지의 급작스러운 죽음으로 혼자가 된 그녀는 낯설고 위험한 환경에서 살아남고자 남자 옷을 입고 남자처럼 살았다.

그녀는 점차 남자 연기에 익숙해졌고 구걸하면서 구사일생으로 유럽으로 돌아왔지만, 오랜 여정으로 병약해져 머물 곳을 찾아 한

수도원 입회를 청원하는 힐데군트. 그림 아래에는 "소녀 힐데군트
가 남자 옷을 입고 수도원에서 은신처를 구하고 있다. 요셉이라 불
린 (그녀는) 이후 수도원에서 생활했다"라는 문구가 적혀 있다. 16세
기의 그림.

남성 수도원에 들어갔다. 그리고 대담하게도 '요셉'이라는 이름으로
남자 행세를 했다.

비록 목소리가 미성이어서 처음에는 의심받았으나 남자들과 공동
체 생활을 하면서도 그녀의 생물학적 성은 죽을 때까지 밝혀지지 않
았다.

그녀는 수도원에 가서 불과 몇 개월 만에 중병에 걸려 숨을 거뒀지만, 죽는 순간에도 자신이 여성이라는 걸 밝히지 않았다. 장례 준비를 하면서 그녀가 여성이라는 사실이 드러났지만, 수도사들은 오히려 그녀를 신이 보낸 처녀로 공경하고 성녀로 여겼다.

이후 힐데군트 이야기는 빠르게 퍼져 나갔다. 그녀가 머물렀던 수도원에는 힐데군트를 위한 예배당이 세워졌으며, 그녀의 소식을 전해 듣고 여러 지역에서 순례자들이 모여들어 그녀의 공덕을 기렸다.

남장 변복 이야기는 동서고금을 막론하고 끊이지 않고 전해진다. 「옥주호연」 「홍계월전」 「방한림전」 등 한국 고소설에서도 여성 주인공은 수학, 복수, 부모의 의지, 자아실현, 입신양명을 위해 남장을 한다.

힐데군트도 자기 외모와 성 정체성에 스스로 의구심을 품었을지 모른다. 그녀는 자신에게 부여된 생물학적 성별에 동조하지 않고 반복적 성 정체 인식으로 자신을 반대 성의 사람으로 여겨 남장하고 살았을 수도 있다.

프랑스의 국민배우 제라르 드파르디외가 주연한 〈마르탱 게르의 귀향〉은 실화에 바탕을 둔 영화다. 16세기에 생존했던 '아르노 뒤 틸이'는 전쟁터에서 알게 된 동료 마르탱의 신분을 사칭한다.

놀라운 사실은 아르노가 자신을 마르탱이라고 주장하며 마을에 나타났지만, 사람들은 아르노를 떠난 지 8년 만에 성숙한 남자가 되

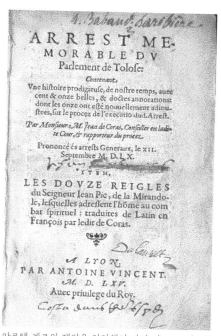

마르탱 게르의 재판을 담당했던 판사 장 드 코라스가
재판 과정을 상세히 기록한 『잊을 수 없는 판결』(1565).

어 돌아온 마르탱으로 여겼다는 점이다. 긴 세월이 흐르면서 얼굴이
달라졌다고만 생각한 것이다.

　비록 실제 마르탱이 돌아오면서 3년 만에 정체가 드러났지만 재
능이 놀라웠던 아르노는 '진짜' 마르탱에게서 들은 이야기를 반복하
고 재연하며 자신을 새로운 인물로 재창조했다.

　힐데군트와 아르노의 반복적 행위는 짜깁기하듯 촘촘하고 견고한

새로운 정체성을 형성해 극적인 변화를 가져올 수 있었다. 아주 작은 걸 지속적으로 반복하면 인간의 삶에 긍정적 혹은 부정적으로 영향을 미칠 수 있다는 걸 말해준다.

## 위기를 대하는 개인의 인식을 전환해야 할 때

생텍쥐페리의 『어린 왕자』에 나오는 작은 소행성의 가로등 지기는 매일 똑같은 시간 간격으로 가로등을 켜고 끈다. 가로등을 켤 때 별 한 개와 꽃 한 송이를 더 태어나게 하고, 가로등을 끌 때 꽃이나 별이 잠들게 한다.

어린 왕자는 이런 생각을 했다. '그의 직업은 매우 아름다우니까 진실로 유익한 거야.' 그가 자신을 위해서가 아니라 타인을 위한 일에 전념하기 때문이다. 비록 그는 어린 왕자가 만난 정치가, 허영심 많은 사람, 술꾼, 사업가에게 멸시받겠지만 말이다.

어느 선행가는 "좋은 일을 자꾸 하니까 더 좋은 일을 하고 싶어졌다"라는 말을 했다. 반복적으로 좋은 습관을 실천함으로써 선을 행해 나간다는 말이다. 개천이 모여 큰 바다를 이루듯 소소한 반복이 단단한 일상을 만든다. 우리는 작은 이타적 행동을 반복함으로써 세상을 행복하게 만들 수 있다.

「요한 묵시록」에 등장하는 네 기사. 왼쪽부터 죽음, 기근, 전쟁, 역병. 1887년 작품.

　　인간은 나쁜 역사와 좋은 역사를 반복해 왔다. 유발 하라리가 "인간의 어리석음을 과소평가해선 안 된다"라고 경고했지만 인류는 다양한 집단지성을 형성해 천국과 지옥의 갈림길에서 현명한 판단을할 수 있었다.

　　정치는 개인 · 집단을 제도적으로 규제하지만, 개인과 사회는 반복적이고 전복적인 몸짓으로 사회문화적 진화를 거듭했기 때문이다. 이 과정에서 국가와 국민 사이의 조정과 조절은 중요한 기제로정부가 규제를 유연하게 수행하도록 해준다.

　　이미 오래전에 묵시록은 역병 · 전쟁 · 기근을 죽음과 함께 오는재앙으로 묘사했다. 이들은 오늘날에도 여전히 미제 상태로 남아 있지만 피할 수 없는 참사가 아니라 인간이 만든 재난이다.

따라서 사전에 방비하면 반복되는 악순환의 고리를 끊을 수 있다. 다양한 해법을 제안할 수 있으나 '소소한 반복이 우리를 만든다'라는 사실을 잊지 말자.

개인이 의식적으로 반복하는 경험들은 축적되어 집단 의식·무의식을 구성한다. 역사는 인간의 몸과 마음이 의식적·무의식적으로 행하는 소소한 경험이 반복되어 이뤄진다. 그러니 불행한 역사가 반복되는 건 우리 모두 감당해야 할 몫이다.

생텍쥐페리는 선한 건 아름다워 유익하다고 했다. 나쁜 역사의 재현을 막으려면 위기를 대하는 개인의 인식을 전환하고 선한 행동을 실천하려고 노력해야 한다.

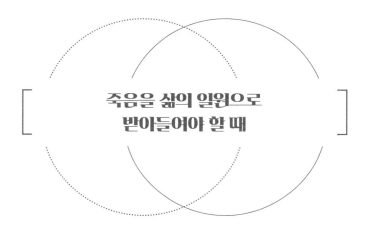

# 죽음을 삶의 일원으로
# 받아들여야 할 때

한식을 맞아 많은 사람이 조상의 산소를 찾는다. 성묘는 죽은 조
상과 살아 있는 후손이 여전히 함께하고 있다는 걸 뜻한다. 즉 죽음
과 삶이 하나 되는 순간이다.

오래전부터 사람들은 죽음에 대해 묵상했다. 동아시아에도 타인
의 죽음을 슬퍼하는 만시(輓詩)가 있는데 영구를 앞에서 끌고 인도
하는 사람이 죽은 사람을 애도하는 시라는 의미다.

반면 자만시(自輓詩), 자만사(自輓詞)는 자기 죽음을 미리 가정하고 생전의 삶을 되돌아보는 애도 문학의 일종이다.

죽음을 외면하지 않고 스스로 자기 죽음을 성찰하며 '내 죽음'을 대상으로 삼은 글이다.


## 피할 수 없는, 내 죽음에 대한 성찰

내 죽음을 성찰한다니 왠지 낯설게 들릴 수 있다. 누구에게나 죽음은 두려운 대상이고 더욱이 현대 사회는 죽음을 터부시하고 부정(不淨)한 것으로 인식한다.

죽음은 근대 의학이 승승장구하면서 더욱 주변부로 쫓겨났고, 그 결과 환자의 죽음은 의술의 실패로 받아들여지는 사고가 팽배해 있다. 과학이 하루가 다르게 놀라울 정도로 발전하는 시대에 죽음을 말하는 건 금기시되어 있다.

죽음은 피할 수 없는 현실이다. 영생을 위해 불로초를 찾았던 진시황제도 결국 죽음을 맞았고, 알렉산더 대왕이나 나폴레옹 같은 영웅들도 죽음의 순간에는 평범한 인간의 모습으로 돌아가야 했다.

사실 개인의 죽음이 있었기에 인류 공동체는 지금까지 늙지 않고 젊음을 유지할 수 있었다. 공동체의 한 구성원을 잃는 건 공동체로 보면 분명한 슬픔이자 손실이다.

이때 사람은 죽음을 제례화해 남녀노소를 포함한 모든 구성원을 의식에 참여시킴으로써 공동체의 응집력을 다시 높이는 한편 죽음에 따른 공동체의 약화를 심리적으로 상쇄할 수 있었다. 죽음의 의식화와 공개성은 야생마처럼 날뛰며 공동체를 위태롭게 하는 죽음에 대항하는 인간의 보편적 전략이었던 셈이다.

죽은 사람은 주연이 되고 살아남은 사람은 조연이 되어 재현하는 장엄한 장면이 선사하는 감동 속에서 죽음은 난폭함을 잃고 얌전하게 길들여졌다.

그렇게 사람들은 삶 속에서도 죽음을 인식하게 되어 죽음을 준비하고 막상 죽음이 닥치면 담담하게 맞이할 수 있었다.


## 삶의 일부가 된 '죽음의 기술'

옛날 사람들에게 죽음은 '내' 문제가 아니라 '우리'라는 공동체의 관심사였다. 서양 사회는 흔히 공동묘지가 주거 공간과 어우러져 있다. 프랑스 파리의 도심에 있는 페르 라셰즈 묘지는 데이트 코스로도 유명하다.

그리스도교도들은 성당의 성인 곁에 매장되길 원했고 교회는 살아 있는 자들을 맞이하는 동시에 죽은 자들로 둘러싸였다. 교회는

프랑스 파리 북쪽에 있는 페르 라셰즈 공동묘지에는 프레데리크 쇼팽, 에디트 피아프, 오스카 와일드, 짐 모리슨 등 세계가 추앙하는 명사들과 시민들이 잠들어 있다. 묘지 자체가 거대한 문화박물관으로 인식되며 매년 수백만 명이 방문한다.

묘지이자 산 자와 죽은 자가 교류하는 장소로 변했다. 중세 서양의 한 위대한 기사의 죽음에 대해 다음과 같은 기록이 전해진다.

"윌리엄은 병석에 누워 살아오는 동안 저지른 잘못에 대한 용서를 빌면서 자신을 수행했던 사람들을 모두 한자리에 불러 모았다. 당시에는 영광스러운 죽음을 하나의 축제처럼 여겼고, 죽음을 맞이하는 의식은 결혼식만큼이나 공개적이고 떠들썩했다."

죽음의 역사를 연구한 프랑스의 역사학자 필리프 아리에스에 따르면 근대 의학이 등장하기 전에 살았던 중세인들은 죽음을 혼연한 태도로 맞았고 그렇게 '죽음의 기술'을 터득했다고 한다. 사람들은 머지않아 죽음이 다가올 거라는 걸 예감했고 자연스럽게 죽음은 삶의 일부가 되었다.

그래서 중세 시대에 죽음을 맞이하는 의식은 공개적이었고 남녀노소가 모여 임종을 함께했다. 삶의 문제(how to live) 못지않게 죽음을 어떻게 준비할 것(how to die)인지 고민한 결과였다. 죽음의 기술은 곧 삶의 기술이다.

옛사람들이 두려워했던 건 죽음 자체가 아니라 죽음의 특정한 방식이었다. 그들은 모르스 레펜티나(mors repentina), 즉 갑작스러운 죽음은 회개할 시간을 주지 않기 때문에 끔찍하고 비열한 죽음이라고 일컬었다. 그래서 신에게 자신이 죽는 시간을 알게 해 달라고 빌었다. 살기 위해서가 아니라 올바르게 죽기 위해 기도한 것이다.

스웨덴의 잉마르 베리만 감독은 1957년에 죽음 앞에 선 인간의 내면을 담담하게 그린 영화 〈제7의 봉인〉을 제작한다. 영화는 십자군 원정에 참여했다가 고향으로 돌아가는 기사에게 어느 날 죽음의 사자가 찾아오는 것으로 시작한다.

기사는 사자에게 체스 게임을 하자고 제안하고 체스가 진행되는 동안 자기 죽음을 유예해 달라고 요청한다. 죽음의 사자가 제안을 받아들였고 죽음을 지연시키는 동안 기사는 삶의 의미가 무엇인지,

에스토니아 탈린에서 1500년쯤 제작된 〈죽음의 무도〉는 세속의 모든 권력자도 언젠가는 죽음을 맞이할 테니 늘 자신의 죽음을 기억하며 살라는 의미를 담고 있다.

신은 존재하는지, 죽음이 무엇인지 알고자 했다.

하지만 그 어디에서도 답을 찾을 수 없었다. 결국 죽음의 사자와의 체스를 끝낸 기사가 언덕 비탈 위에서 죽음의 사자와 손을 잡고 죽음의 춤을 추면서 영화는 끝난다.

죽음의 실재를 겸허하게 수용하는 죽음관은 점차 잊혀 갔다. 현대인은 더는 죽음을 생각하려 들지 않는다. 로마의 철학자이자 정치가 키케로는 "지혜로운 사람은 삶 전체가 죽음의 준비"라고 했다. 러시아의 작가 레프 톨스토이도 『이반 일리치의 죽음』을 집필하면서 주인공의 죽음으로 삶의 진정한 의미가 무엇인지 자문자답했다.

삶은 유한해서 언젠가는 끝난다. 첨단 의료기술은 생명의 연장 수단이지 죽음의 해결책이 될 수 없다. 선한 일만 행하더라도 다하지 못하고 끝나고 마는 게 우리의 짧은 인생임을 명심하자.

역병, 전쟁, 위기의 세계사

유한한 시간을 나누면서 더불어 사는 사람들의 몸과 마음에 상처를 주며 살기에는 인간의 생명은 참으로 고귀하고 가치 있다. 죽음을 외면하고 망각하는 건 이반 일리치가 삶의 유한성을 잊고 위선적이고 가식적인 삶을 살았던 것과 같다.

## 죽음에 대한 새로운 인식이 필요할 때

우리는 죽음이라는 자연 현상을 솔직하게 함께 이야기하기보다 보통 마지막 순간까지 최첨단 의료 기계만 바라보다가 낯선 밀실에서 고독하게 죽음을 맞는다.

가족도 환자가 삶의 마지막을 사람답게 살도록 보살피기보다 중환자실로 몰아넣느라 바빠 보인다. 환자가 마지막 순간까지 존엄하게 죽음을 맞이하도록 보살펴주는 죽음에 대한 새로운 태도의 정착이 필요하다.

우리는 죽음에서 도피할 수 없다. 하지만 문명화된 인간 사회는 위생이라는 이유로 죽어 가는 자들과 거리를 두려고 한다. 이를 두고 죽음에 대한 문명사적 고찰을 한 독일의 사학자 노르베르트 엘리아스는 '죽어 가는 자의 고독'이라고 했다.

죽음을 특정한 영역에 가둬 놓고 숨기려는 경향은 오히려 더 강

〈죽음의 무도〉를 모티브로 제작된 영화 〈제7의 봉인〉 마지막 장면. 죽음의 사자가 언덕 위로 끌고 가는 모습이 강렬하다.

화되었다. 과학의 발전으로 질병에 무조건 굴종하는 게 아니라 극복 대상으로 이해하기 시작함으로써 죽음 또한 극복할 수 있지 않을까 하는 기대감이 오히려 죽음에 대한 공포심을 더 크게 확산하고 있는 것이다.

죽음을 망각한 채 삶에만 집착하면서 삶의 진정한 의미를 잊고 있는 게 아닌가? 죽음을 은폐하지 말고 삶의 일원으로 받아들여야 한다. 그동안 죽음을 통해 삶을 돌아보는 죽음과 삶의 변증법을 망각했는지 되돌아볼 때다.

역병, 전쟁, 위기의 세계사

죽음의 역사에 대한 묵상은 오늘을 살아가는 사람들에게 필요한 삶의 교훈을 준다. 이어령 교수는 생전에 "과일 속에 씨가 있듯이, 생명 속에는 죽음도 함께 있다. 죽음이 없다면 어떻게 생명이 있겠나. 죽음의 바탕이 있기에 생을 그릴 수가 있다."라고 했다. 죽음을 염두에 둘 때 삶이 더 농밀해질 수 있다는 말이다.

1980년대 '평화의 전도사' '동유럽 민주화의 구심점'으로 불린 교황 요한 바오로 2세는 임종 직전 인류 평화나 문명 간 화해가 아니라 "나는 행복합니다. 그대들도 행복하세요."라는 말을 남겼다. 평소 생명의 존엄성에 대해 깊이 성찰하고 고민했던 그가 죽음 앞에서 행복을 선언한 것이다.

'죽음이란 무엇인가'라는 질문에 공자는 "삶도 제대로 알지 못하는데 어찌 죽음을 알겠는가"라는 답을 줬다. 삶의 문제를 이해하면 죽음의 문제는 해결될 수 있다는, 즉 죽음을 통해 삶을 반성하라는 말이다.

역사학은 죽은 자의 기억을 성찰하는 학문이다. 죽음에 대한 인식의 부활이 올바른 역사 성찰의 첫걸음이 될 것이다.

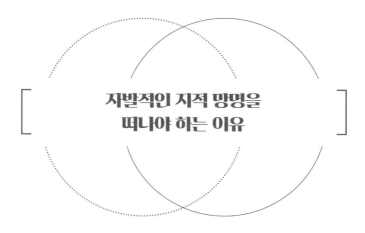

# 자발적인 지적 망명을
# 떠나야 하는 이유

이탈리아, 네덜란드, 프랑스, 영국, 독일, 미국은 지난 500년간 세계 경제에서 패권을 행사해온 국가들이다. 이들이 강대국으로 부상할 수 있었던 이유는 복합적이지만 수공업이 발달했다는 점에서 시사하는 바가 있다. 수공업 전통이 산업혁명을 일으켰고 작업을 공장화해 산업화에 성공했기 때문이다.

증기기관을 개량해 산업혁명을 이끈 제임스 와트도 수습 과정을 거치며 기술을 연마한 수공업자였다. 익히 알려졌듯 서양의 수공업은 전문가를 양성하는 '도제 제도'라는 기술 훈련 시스템에 기반했다. 동업 조합인 길드에서 일정 기간 수습공으로 교육받고 숙련공 과정을 거쳐 장인으로서 독립하는 교육 훈련 과정을 일컫는다.

## 기술과 인격 닦는 '숙련공의 대학'

잘 알려지지 않은 사실이 있다. 교육을 마치고 숙련공이 되더라도 장인으로 활동하려면 '도제 편력'이라는 별도 수련 과정을 몇 년간 거쳐야 했다는 것이다.

일부 직종에선 반드시 편력을 해야 한다는 강제 규정을 도입했는데, 기간은 1년에서 5년까지 다양했다. 요즘의 '인턴십'에 해당하는 이 시기에 숙련공들은 넓은 세상에서 편력하며 기술과 인격을 닦아야 했다. 편력 과정이 끝나면 고향으로 돌아와 정착했으나 일부는 다른 곳에서 일자리를 구했다.

편력 숙련공 전통은 서양에서 14세기 후반부터 20세기까지 수 세기 동안, 즉 산업화 시대에도 지속할 정도로 뿌리가 깊다. 수공업 분야에서 편력은 숙련공들의 대학교 과정으로 여길 정도로, 동년배가 대학에서 이론을 공부하는 동안 미래의 장인들은 현장에서 새로운 지식을 습득할 기회를 얻었다.

중세의 동업 조합이 기부한 돈으로 제작된 프랑스 샤르트르 대성당의 스테인드글라스. 성당 건설에 기부금을 낸 구두 제작공들의 일하는 모습도 그려져 있다.

산업 중심지인 도시는 다른 지역에서 몰려온 숙련공들로 북적였고 이들은 몇 개월 머물다가 다른 장인을 찾아 다시 길을 떠났으므로, 도시는 국제 교류 네트워크를 형성했다. 편력은 젊은 세대에게 문화의 다양성을 체험하고 공동체성을 길러주는 현장 학습의 장으로 활용되었다.

물론 일부 조합은 기술 유출을 이유로 숙련공의 편력을 금지했으나 오히려 해당 조합과 지역 경제를 위축시키는 역효과를 냈다. 옛날에도 기술 경쟁이 치열해 산업 스파이들이 활동했으므로 지식 재산이나 새로운 기술의 유출을 완벽하게 막는 건 불가능에 가까웠다.

그래서 중세와 근대 서양의 기술·경제적 선진 지역에선 교육을 마친 수공업자들이 편력하면서 세상을 배웠고 산업 지식과 기술력도 전파될 수 있었다. 숙련공만 새로운 지식을 습득하고자 편력했던 게 아니어서 장인들도 일을 찾거나 재교육을 위해 길을 떠났다.

## 도제 편력자들의 오래된 발자취

독일은 교육 과정의 일환으로 도제 편력이 가장 보편화한 국가다. 중소기업 강국 독일은 '마이스터'라고 불릴 정도로 수준 높은 기술과 경험을 겸비한 장인들이 우수한 제품을 만들며 오늘날까지 국가 경제를 지탱했다. 이들이 강한 중소기업을 육성하면서 '히든 챔피언'의 나라 독일은 유럽 경제를 이끄는 강국으로 성장할 수 있었다.

오펠 자동차의 창업자 아담 오펠은 독일의 고향에서 자물쇠 기술공으로 교육받고 공업이 발달한 서유럽의 벨기에, 프랑스 등지에서 두루 도제 편력을 하면서 첨단 기술을 연마했다. 특히 파리에서 접한 재봉틀이 그의 인생을 바꿨다. 그는 고향으로 돌아와 재봉틀 공장을 세워 성공을 거두면서 오펠 기업의 토대를 일군다.

도제 편력 제도의 또 다른 수혜자는 세계적 기업 보쉬 그룹의 창업자 로베르트 보쉬다. 미국과 영국에서 숙련공으로 편력하던 그는

독일 최초 민주 정부 대통령인 프리드리히 에베르트(오른쪽 세 번째)가 안장 제조공으로 도제 교육을 받던 시절에 찍은 사진.

경험을 바탕으로 1886년 슈투트가르트에서 정밀 기계와 전기 엔지니어링 작업장을 설립했다. 그렇게 탄생한 보쉬는 세계적인 전동 공구 기업으로 도약했다.

도제 편력으로 성공한 또 다른 인물은 프리드리히 에베르트다. 훗날 독일 최초의 민주 정부 대통령이 된 그는 초등학교를 졸업한 뒤 안장 제조공으로 교육받고 2년간 도제 편력을 했다. 그때 노동자들의 어려움을 실감하고 노동운동에 본격적으로 뛰어들어 장인이 되는 대신 정치가의 길을 택하며 독일 의회민주주의의 터전을 닦았다.

물론 편력 숙련공들의 삶이 결코 낭만적이거나 녹록한 건 아니었다. 어렵사리 유명한 장인을 찾아갔지만 받아주지 않으면 또다시 방랑길을 떠나야 했다. 일자리를 찾지 못하고 편력 생활이 길어질수록 육체적·금전적 고통도 커졌다.

보쉬는 스물두 살 때 배에 몸을 싣고 대서양을 건너 뉴욕으로 가 발명왕 토머스 에디슨이 세운 공장에서 일할 기회를 얻었으나, 자신의 지적 호기심과 욕망을 충족하지 못한 나머지 1년 만에 미국 편력을 끝내야 했다.

프란츠 슈베르트의 가곡 〈방랑자〉는 보쉬의 심정을 읊는 듯하다. "나는 묵묵히 방랑한다, 만족은 거의 없이. 한숨은 언제나 묻는다. 어디로 가야 하나? 혼이 섞인 바람 소리가 내게 대답한다. 그곳, 네가 없는 곳, 그곳에 행복이 있다."

서양의 수공업자들은 세상을 편력하면서 다양하고 상이한 언어·생활 습관·문화를 뛰어넘어 함께 일하는 사회를 형성했다. 젊은이들은 편력에서 타지인의 경험과 사고방식을 체득하고 정보와 지식을 공유하면서 수공업 전문가로서 연대 의식을 형성했다. 그들이 추구한 상생의 가치는 수공업자들 간에 선의의 경쟁을 유도하며 놀라운 기술 혁신을 가져왔다.

국내의 어느 대기업은 직원을 선발해 1~2년간 해외 현지 언어와 문화를 익히도록 지원하는 인재 양성 프로그램을 운영하고 있다. 그

15세기 자물쇠 제조공의 모습.

러한 지역 전문가 파견 제도가 이 기업의 글로벌 시장 개척에서 주
요 전략이라고 평가하기도 한다. 그들이 수집한 수많은 현지 정보가
해당 지역에 대한 훌륭한 데이터베이스가 되어 기업의 국제 경쟁력
을 키웠기 때문이다.

　도제 편력은 오래전 서양에 있던 제도지만 최근에는 '유럽 수공업

인턴십'으로 승화 발전했다. 자국에서 교육받은 열여덟 살에서 스물일곱 살 사이의 견습생이 스물일곱 개 유럽연합 가입국에서 육 개월 정도 인턴십을 경험하고 그곳에서 취업하거나 귀국해 해외 경험을 바탕으로 일자리를 찾는 방식이다. 선발자는 소정의 체류비를 지원받는다.

수공업 국제 인턴십 제도는 국경을 초월한 전문가 네트워크를 구축할 뿐만 아니라 개인적으로 국제 시장에의 지식과 외국어를 습득하는 데도 도움이 된다. 우리도 국가 간 교류를 직업교육 훈련생으로까지 확대해 그들이 해외에서 지식과 기술을 습득하고 실무 경력을 쌓을 수 있었으면 한다.


## 인간적 성숙을 위해선 편력이 필요하다

'인생은 나그넷길'이라는 말이 있다. 삶이란 구름이 흘러가듯 길을 가는 것임을 말한다. 코로나-19로 인한 봉쇄에 세계는 생활에 큰 제약을 받았다. 사회적 격리로 일상의 접촉이 끊기고 이동도 원활하지 못했다. '이동'이라는 단어가 그 어느 때보다 애틋하게 여겨졌다. 팬데믹으로 멈췄던 생활이 정상으로 되어 자유로워지길 갈망했다.

그래서 편력 시대가 다시 시작되어 삶의 진실을 찾아 떠나는 인생

17세기 네덜란드 금세공업 조합의 장인들. 근대 네덜란드의 암스테르담에는 많은 직종의 동업 조합이 있었으며 그들이 도시와 국가 운영에 중요한 역할을 했다.

수업을 체험했으면 한다. 독일의 대문호 괴테도 "인간적인 성숙을 위해선 편력이 필요하다"라고 했다. 경계를 넘나드는 공존의 방식을 배우면서 삶의 아름다움을 체득하면 더 좋겠다.

12세기 유럽의 탁월한 신학자 위그 드 생빅토르는 이렇게 말했다. "유약한 사람은 이 세상 한 곳에만 애착을 느끼고, 강건한 사람은 모든 곳을 사랑하며, 완벽한 사람은 스스로 미지의 땅으로 향한다."

진리를 탐구하려면 불편함과 위험을 감수하며 자발적인 지적 망명을 떠나라는 뜻이다. 몸을 웅크리며 익숙해진 현실에 안주하는 우리 모습을 돌아보고 미래를 바라보며 새로운 도전을 시작할 때다.

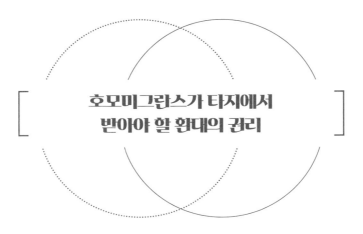

## 호모미그란스가 타지에서 받아야 할 환대의 권리

새해에는 묵은해를 보내고 새해를 맞는 기쁨이 클 법하지만 막연한 기대감에만 젖어 있기에는 불안과 근심이 지구촌 곳곳에 서려 있다. 대량 학살, 난민 발생, 기아로 묵시록적 세계가 재현되는 듯하다. 그래서 상호 존중·포용·공존의 가치를 다시 생각해 본다.

크리스마스는 그리스도(Christ)와 축제(mass)의 합성어로 예수 그리스도의 탄생을 기념하는 축일이다. 아기 예수는 이스라엘의 베들레헴에서 태어났다고 한다.

예수의 부모는 본래 나사렛에서 살았으나 당시 이스라엘을 통치하던 로마제국 황제의 칙령에 따라 본적지에 호적 등록을 하러 가던 중이었다.

만삭인 마리아에게 산기가 보이자 남편 요셉이 아기 낳을 곳을 찾아 헤맸지만 마땅한 곳을 구하지 못했고, 결국 아기는 외양간 한구석에서 태어났다.

막 태어난 아기를 누일 곳도 없어서 가축들에게 먹이를 담아주는 구유에 포대기로 싼 아기를 뉘어야 했다. 이렇게 예수는 낯선 타향의 차가운 땅에서 이방인으로 세상에 나왔다.

예수의 삶은 박해와 이주의 연속이었다. 이스라엘의 정치 권력은 예수가 장차 '유대인의 왕'이 될까 봐 두려워한 나머지 베들레헴과 그 인근에 사는 두 살 이하 사내아이를 모조리 죽이라는 명령을 내렸다.

아기 목숨이 위태롭자 부부는 서둘러 아기를 데리고 이스라엘의 통치권이 미치지 않는 이집트로 떠났다. 급변하는 상황에서 어쩔 수 없이 난민이 된 가족은 낯선 땅에서 망명자로 살아가야 했다.

예수 탄생 이야기는 추운 겨울에 하룻밤 보낼 곳을 찾아 헤매는 이방인 가족을 떠올리게 한다. 정치적 박해로 어쩔 수 없이 험난한 길을 떠나는 수많은 사람의 발자국도 보인다. 예수는 성인이 된 후에도 정처 없는 나그네 삶을 살았다.

이집트로 피신하는 아기 예수의 가족. 14세기 작품.

그래서 스스로 "여우들도 굴이 있고 하늘의 새들도 보금자리가 있지만, 사람의 아들은 머리를 기댈 곳조차 없다"라고 했다. 그는 이 마을 저 마을로 끊임없이 떠돌면서 사람들을 만나는 유랑자로 살았다.

## 이주와 이산의 한국 역사

인류의 역사는 곧 이주의 역사라고 할 정도로 역사는 이주와 함께 시작되었다. 때로는 원하지 않는데도 강제 이주를 당하기도 했다. 최초의 인류인 아담과 이브도 에덴동산에서 쫓겨나 강제 이주를 당하지 않았는가. 역사는 경계를 넘나든 사람들의 기록이기도 하다.

한국은 지정학적으로 삼면이 바다로 둘러싸인 반도 국가지만 남북한 사이에 군사분계선인 비무장지대가 만들어지면서 지난 70여 년간 사방이 꽉 막힌 섬나라와 같았다. 자연스럽게 우리의 사고도 편협해졌고 순혈주의와 민족주의를 지나치게 강조하곤 했다.

국내 체류 외국인 수가 200만 명이나 되는 시대를 살아가지만, 한국 사회에 정착한 이주민을 대하는 우리 태도는 여전히 배타적이다. 하지만 사실 한국인의 역사 또한 국경을 넘나드는 이주와 이산의 연속이었다.

고려 시대만 봐도 송나라 · 원나라 이주민, 발해 유민 · 거란인, 여진인, 왜인 등이 개인적으로 혹은 집단으로 고려 사회에 들어와 정착했다. 자발적으로 이주해 고려 조정에서 외교 사신으로 활약하거나 전문 군인으로서 무관 반열에 오르기도 했다. 발해 유민과 거란인은 어지러운 정세 변동을 피해 난민 신분으로 들어온 이들로, 고려에 정착한 후 황무지를 개간해 농업 발전에 이바지하기도 했다.

당시 경작할 수 있는 땅은 많았지만 개간할 인구가 턱없이 적었다. 따라서 그들의 대규모 집단 이주는 노동력을 크게 늘리고 집약적 농법을 발달시키는 데 적지 않은 역할을 했다. 일부 재능 있는 이들은 개경에서 기술자로 수공업 발전에 이바지했다.

고려의 개방적이고 포용적인 이주 정책은 궁극적으로 국가 재정 확대에 도움을 줬다.

한국은 재외교포 수가 화교(중국), 유대인, 이탈리아인 다음으로 많다. 중국, 러시아(구소련), 일본, 미국 등지에 재외동포가 700만 명 넘게 살고 있는데, 남한 인구의 15%이고 남북한 인구를 합치더라도 전체 인구의 약 1/10에 해당한다.

1903년부터 1905년 사이에는 조선인 약 7,500명이 이민선을 타고 하와이 사탕수수 농장에 노동자로 일하러 갔다.

1910년 무렵 간도를 비롯한 만주 지역에는 두만강과 압록강을 넘어 이주한 조선인이 20만 명을 넘었다. 비슷한 시기에 블라디보스토크, 하바롭스크 등 연해주 곳곳에 8만 명이 넘는 한인이 100여 개에 이르는 신한촌(新韓村)을 세우고 집단으로 거주했다.

1945년 해방 당시 해외에 거주하는 한인 인구는 한반도에 거주하는 인구의 20%에 육박했다. 한인이 해외 이주를 많이 했다는 건 그만큼 한국 근현대사가 파란만장한 굴곡으로 얼룩져 있다는 걸 방증한다.

윤동주. 그의 증조부는 가족들과 함께 함경북도에서 간
도로 이주했고, 윤동주는 그곳에서 태어났다.

1960~70년대에는 해외 노동 이주가 본격화되었다. 광부와 간호
사의 독일 파견, 베트남전쟁이 한창이던 '월남 특수기'에 베트남 노
무 인력 파월(派越), 중동 건설 붐에 따른 노동 이주였다.

이들이 한국으로 송금한 돈은 국가 산업 발전의 초석이 되었다.
1990년대 들어서야 한국은 인력 송출국에서 인력 유입국으로 급격
한 변화를 겪는다.

1962년에 독일(당시 서독)로 파견되는 광부들의 모습. 전면에 한국과 독일의 국기가 걸려 있다.

한국 역사에서 이방인의 존재는 생각보다 훨씬 오래전부터 찾을 수 있다. 천년 전인 고려 사회도 난민과 이방인을 받아들여 지혜롭게 공존했다. 공존은 두 가지 이상의 개체나 집단이 시간과 공간을 공유하면서 함께 존재하는 걸 뜻한다.

공존은 또한 비폭력적 상태가 유지되는 걸 상정하기에 역사적으로 평화적 공존에서부터 경쟁적 공존까지 스펙트럼이 다양하다. 형태가 어떻든 인간은 사회적 동물이니 공존은 숙명이기도 하다.

불과 몇십 년 전까지만 해도 한국인도 이주노동자였다는 사실을 잊지 말고 해외에서 온 '파한'(派韓) 근로자 · 이주민 · 난민을 대했으면 한다.

## 이주하는 인간, 호모미그란스

인간은 역사적으로 더 나은 환경을 찾아 끊임없이 이주했다. 그래서 '이주하는 인간'이라는 호모미그란스(Homo Migrans)라는 신조어가 등장하기도 했는데, 인간이 이주하는 본성을 지녔다는 말이다.

그러나 유목민적 삶의 방식은 무질서와 혼란을 일으키는 침략과 같은 것으로 인식되기도 했다. 이주가 기존의 권력 위계를 교란하고 파열음을 낸다고 생각했기 때문이다. 인간의 이동성보다 정주와 부동성이 정상적인 역사로 받아들여지면서 이주는 재앙이라는 생각이 널리 퍼졌다.

독일의 철학자 이마누엘 칸트는『영구평화론』에서 "환대는 이방인이 누군가의 영토에 도착했을 때 적대적으로 취급받지 않을 권리"라며 '환대의 권리'를 강조한 바 있다.

세계 시민적 덕목인 환대는 주인이 찾아온 손님을 적대 없이 안전하게 머무르게 해준다는 의미다. 최소한의 친절을 베푸는 환대의 권리가 보장될 때만 인류가 영구 평화를 향해 지속해서 나아갈 수 있다는 것이다.

칸트는 배타적이고 자국 이기주의에 기초한 민족주의의 망상을 일축하고 열린 세계 시민적 애국주의를 주창했다. 그는 타 민족을 향해 개방적 지향성을 추구하는 열린 민족주의를 강조하면서 국가 간 평화로운 공존의 길을 찾아야 한다고 역설했다.

도널드 트럼프 전 대통령은 이주민을 겨냥해 "이민자가 미국의 피를 오염시킨다"라고 말한 바 있다. 미국의 (백인) 대중은 트럼프를 통해 불법 이민자 수가 많이 증가한 것에 대한 불만과 불안감을 표출한다. 트럼프가 여전히 건재한 이유다. 트럼프도 그러한 위기 의식을 자신의 정치 선거에 적절하게 활용하고 있다.

하지만 강경한 반이민 정책은 미국 사회를 '진정한' 백인 미국인과 '주변화된' 유색인으로 구분하면서 사회적 긴장감을 고조시키는 역효과를 가져올 수도 있다.

"손님 접대를 소홀히 하지 마십시오. 손님 접대를 하다가 어떤 이들은 모르는 사이에 천사들을 접대하기도 했습니다."『신약성경』의 한 구절이다.

굶주린 사람에게 먹을 걸 주고 목말라하는 사람에게 마실 걸 주며 나그네를 따뜻이 맞아들이는 게 예수 그리스도를 위하는 거라는 말이다.

난민으로 태어나 이방인이자 나그네로 살았던 예수는 외지인 환대는 물론 고난받는 사람과의 연대를 설파했다. 하지만 그의 고향 이스라엘에선 지금도 수많은 사람이 전쟁 때문에 고통받으며 낯선 곳에서 난민 생활을 하고 있다. 세상은 여전히 그의 말을 귀담아듣지도 따르지도 않는 듯하다.

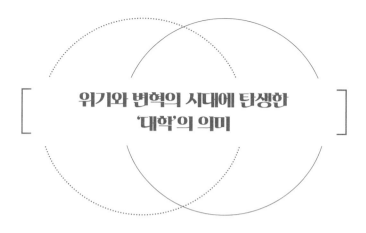

# 위기와 변혁의 시대에 탄생한 '대학'의 의미

1096년부터 200여 년 동안 여러 차례 계속된 십자군 원정은 서양의 팽창 전쟁이자 정복 전쟁이었다. 사냥과 마상 경기만으로는 성에 차지 않았던 유럽의 기사들에게 새로운 돌파구를 제시했다. 특히 인구 증가에 따른 심각한 토지 부족 현상으로 부모에게서 토지를 물려받지 못한 방랑 기사들은 십자군 원정을 노획물과 경작지를 획득하는 절호의 기회로 삼았다. 그렇게 '신이 원한다'라는 명분을 내세운 전쟁은 약탈과 정복을 위해 피를 흘리는 비극을 연출했다.

종교적 대의명분을 내세운 십자군 전쟁의 이면에는 서유럽 사회의 내부적 갈등을 외부로 시선을 돌려 해결하려는 세속적인 이해관계가 도사리고 있었다.

그러나 200년 동안 이슬람과 그리스도교 세력이 군사적으로 무력 충돌을 한 시기는 채 50년이 되지 않는다. 그래서 십자군 전쟁은 알려진 것과 달리 항구적 '전쟁'이 아니라 긴장과 적대 기류가 흐르는 '냉전'과 같은 상태로 보는 게 옳다.

십자군 원정은 장기적으로 볼 때 두 집단 사이에 다양한 교류를 가능하게 했다. 전쟁 기간에도 이탈리아의 베네치아와 제노바의 상인들은 동방의 비단, 설탕, 향신료, 의류 염색에 필요한 백반 등을 사들여 서유럽에 판매했고 모직물, 곡물, 은과 철, 목재를 이슬람 시장에 수출했다.

유럽과 이슬람 세력 사이에 점점 접촉이 잦아졌으며 교통과 화폐를 이용하는 횟수도 늘어났다. 양측을 넘나드는 외교·사회·경제적 교류는 근동과 북아프리카의 이슬람 사회에도 적지 않은 긍정적 변화를 가져왔다. 시리아, 카이로, 베이루트, 알렉산드리아로 세계 각 지역의 상인들이 몰려들어 글로벌 무역은 호황을 누렸다.

체스를 두고 있는 그리스도교인과 무슬림을 그린 13세기 작품. 당시는 십자군 전쟁 시기였으나 교류와 공존은 두 문명 간의 일상적인 모습이었다.

## 글로벌 지식 교류의 장

십자군 원정이 서양의 문화 발전에 결정적으로 기여한 건 두 세계가 지적으로 교류한 일이다. 이슬람 문화는 낙후된 지역인 아라비아반도에서 유래했지만 다른 문화에 대한 뛰어난 동화력을 보였다. 이슬람 세계는 고대 그리스-로마의 과학적 · 철학적 지식을 아랍어로 번역해 유대, 시리아, 힌두 문화에서 얻은 고유한 지식을 덧붙였다. 이렇게 거대한 문명의 용광로에서 중세 이슬람 학문이 주조되었다.

십자군 전쟁은 아이러니하게도 유럽 학자들에게 새로운 지식을 접촉할 기회를 주었을 뿐만 아니라 아랍어 저작들이 서방 그리스도교 세계의 학문 언어인 라틴어로 번역 소개되는 계기가 되었다.

'이슬람 스승들'이 보존한 건 고대 그리스와 로마의 고전적 지식이 담긴 보고들이었다. 아리스토텔레스의 저작들, 에우클레이데스의 수학, 프톨레마이오스의 천문학, 고대의 의학 서적들이 몇 세기 만에 다시 빛을 봤다. 학문의 중심지가 아테네와 로마에서 이슬람 문명의 거점이었던 바그다드와 톨레도를 거쳐 서유럽으로 이동하기 시작했다.

장기적으로 볼 때 전쟁에도 불구하고(혹은 전쟁 기간에) 그들의 경계를 넘나드는 상호작용은 유럽 중세사회를 더욱 풍부하게 만들었다. 잉글랜드, 이탈리아, 플랑드르, 중부 유럽에서 이슬람 세계로 지식인들이 몰려들었는데 이 같은 국제적 · 개방적 지적 교류는 아리스토텔레스의 부활, 중세 유럽 대학의 설립, 서양의 과학과 의학 발전을 가능하게 했다.

'신학문'이 몰고 온 문화적 충격은 실로 대단했다. 특히 서유럽의 지식인들은 아리스토텔레스의 인간 이성 중심적 철학을 바탕으로 권위의 장벽에 막혔던 신의 문제에 이성적으로 접근했고 성경도 학문적 분석의 대상이 되었다.

중세 말기에 신학을 이성적으로 연구하려는 스콜라 철학이 등장한다. 그러한 이유로 스콜라 철학자들은 스스로를 '거인의 어깨에 앉아 있는 난쟁이'로 지칭했다. 거인은 물론 이슬람 학문을 통해 서유럽에 전파된 고전·고대의 문화적 전통을 의미한다.

하지만 고전 문명의 재발견은 그리스도교의 문화적 전통을 유지하려는 수구 세력과 고전 문명을 적극 수용하려는 진보 세력 간의 갈등을 일으켰고, 결국 학문적 분열을 가져왔다. 진보적 사상가들은 기존의 성당과 수도원 학교의 울타리를 넘어 거리로 나왔다.

## 대학의 탄생, 변화의 시작

위기와 변혁의 시대에 '대학'이 탄생한 순간이다. 도시 한 구석의 허름한 장소에서 그들이 처음으로 가르친 교과목이 바로 아리스토텔레스의 사상과 이슬람 학자들이 주석을 붙인 과학이었다. 결과는 놀라웠다. 유럽 각지의 젊은 인재들이 새로운 학문을 배우고자 대학으로 몰려들었기 때문이다.

대학은 교황, 세속 통치자, 부유한 상인들의 관심과 후원 속에 성장하면서 다양한 권리와 면책특권을 누렸다. 통치자들은 사회적 성장을 이루려면 학문적 뒷받침이 필수적이라 생각했고, 공권력을 강

중세 이탈리아 볼로냐대학의 학생들. 볼로냐대학은 유럽에서 가장 오래
된 대학이다.

화하기 위해서도 고등교육을 받은 전문 인재가 필요했다.

지방 분권적인 독일 지역에선 대학이 서유럽의 경쟁 국가들보다
늦게 설립되었다. 프랑스의 파리대학, 이탈리아의 볼로냐대학, 영국
의 옥스퍼드대학 등과 비교해 독일의 하이델베르크대학은 150년 정
도 뒤인 1386년에 설립되었다.

대학 설립이 지체된 이유는 여러 가지가 있겠으나 중요한 점은 독
일 뮌헨대학의 경제학 교수 다비데 칸토니가 조사한 바와 같이 독일

대학들이 지역사회의 제도 개혁과 경제 성장에 결정적으로 기여했다는 사실이다.

대학에서 배출한 고등 인력이 사회와 국가 혁신의 견인차 역할을 한 결과 대학이 설립된 대부분 지역에서 경제 성장이 두드러졌다. 독일 대학들이 배출한 우수한 인재들은 교양시민 계층으로서 이후 독일 성장의 밑거름이 되었다. 서양 근대의 시작을 알리는 종교개혁이 루터가 교수로 근무하던 대학에서 시작된 것도 우연은 아니다.

그러한 이유로 중세 독일의 대학 설립은 독일 역사에서 가장 혁신적인 변화의 순간으로 평가된다.

## 중세 대학 설립 과정의 주요 시사점

서양 중세의 대학 설립 과정은 몇 가지 주요한 시사점을 남겼다.

대학의 기원은 신학문 교육의 필요성에서 찾을 수 있다. 옛것을 모범으로 삼되 변화시킬 줄 알고 새것을 창조해 가되 근본을 잃지 말라는 '법고창신'이라는 말이 당시 상황과 잘 어울릴 듯하다. 대학은 위기 속에서도 고전 전통을 발굴하고 시대적 고민을 해결하고자 이를 재해석하던 곳에서 탄생했다.

대학은 문명 교류의 국제화가 열어 놓은 기회의 공간에서 탄생했

하이멜베르크의 성령 교회. 오늘날 독일의 가장 오래된 대학인 하이멜베르크대학의 설립 예배가 이곳에서 진행되었다.

으며, 지역 공동체의 인적 · 물적 · 자원적 교류와 공유를 바탕으로 성장했다. 개방성, 국제화, 지역화는 대학의 설립과 성장을 가능하게 한 핵심 요소들이다.

대학은 지역 혁신 거점으로서 공적 역할을 수행했다. 세상과 동떨어진 학문 공동체가 아니라 연구를 매개로 사회에 등불을 밝혀 놓은 것이다. 또한 학문 공동체 간 수평적 네트워크 구축과 협력으로 새로운 지식을 생산하고, 획기적인 연구 방법론을 확립하고, 지역사회와 서로 영향을 주고받으면서, 진화하는 공진화의 모델을 제시했다.

지역 혁신 플랫폼을 구축해 동반 상승효과를 일으키면서 지역사회에 활기를 불어넣은 것이다.

대학은 전통적으로 연구, 교육, 사회봉사, 참여의 역할을 수행했다. 오늘날 한국 사회는 저출산 고령화, 과도한 수도권 인구 집중, 지역 인재 수도권 유출 등의 어려움에 직면해 있다.

지역사회의 문제를 해결하려면 대학이 다시 주도적으로 나서야 한다. 중세의 대학이 지역사회와 협력해 지역 혁신 성장의 허브 역할을 했듯 우리 대학들도 지자체와 공동으로 지역사회의 회생과 발전에 필요한 새로운 방안을 모색해야 한다.

정부는 대학과 지자체가 협업체계를 구축하도록 행정적 · 재정적 지원을 강화할 필요가 있다. 대학 · 지자체 · 정부가 협력해 지역사회의 전문 인력을 양성하려면 근본적인 고민과 노력을 해야 한다.

지금은 지역을 기반으로 하되 지역 특성을 살려 경제 · 평화 · 환경 문제 등에서 초국가적 노력을 기울이는 '글로컬' 전문 인재를 양성할 때다.

학문의 자유를 추구하는 대학은 지배 권력과 이데올로기에 저항과 순응을 반복해 왔다. 대학에는 전통과 미래가 공존했고, 대학은 다양한 배경과 생각을 가진 인재들이 온고지신과 법고창신의 정신으로 교육과 훈련을 받는 학문의 전당이다.

# 신민 대표 기구 '의회'의
# 탄생부터 발전까지

대헌장으로 불리는 '마그나카르타'는 1215년 잉글랜드의 존 왕이 귀족들에게 무거운 세금을 부과하자 이에 불만을 품은 귀족들이 왕에 대항해 받아낸 문서로 알려져 있다. 그래서 왕의 독주와 전횡을 막고 백성의 권리와 자유를 쟁취한 문서로 평가된다.

하지만 그러한 기존의 해석에서 놓친 부분이 있다. 존 왕이 헌장 초안을 작성하는 과정에서 귀족들과 오랜 시간 토의함으로써 화해를 끌어낼 수 있었다는 사실이다.

즉 대헌장은 통치자와 귀족들이 긴 시간 협상한 결과물로, 결국에는 통치자의 안정적인 국정 운영을 도운 모범 사례로 꼽을 수 있다.

나아가 존 왕은 귀족들과 협상 테이블에 마주 앉음으로써 그들이 더는 국정 운영에 방해꾼이 아니라 동반자이자 책임자로 참여하게 했다. 그렇게 대헌장은 훗날 잉글랜드에서 왕과 귀족들이 국사를 격정하고 논의하는 의회를 탄생시키고 대의민주주의가 발전하는 초석을 놓았다.

대헌장 제정을 계기로 왕과 귀족의 신뢰가 회복되고 양측이 협치함으로써 정책 의제를 수월하게 입법화했다. 이 과정에서 왕들은 의회의 동의를 얻으면 세금을 징수하거나 법률을 제정하고자 할 때 일을 좀 더 쉽게 추진할 수 있다는 사실을 깨달았다.

의회를 이용한 통치는 왕권 안정은 물론 국가 재정 수입 증가와 건실한 재정으로도 이어졌다.


## 왕이 만든 의회, 왕의 국정 파트너

잉글랜드 이외의 유럽 국가들도 의회와 더불어 국정을 운영하는 게 통치자에게 유리하다는 걸 인식했다. 왕들은 의회를 국가 운영에 매우 유용하고 편리한 장치이자 교두보로 인식하기 시작했다.

영국 찰스 왕이 의회 개원을 알리는 연설을 하고 있다. 킹스 스피치(King's Speech)는 비록 지금은 상징적이지만 왕이 의회를 개최하고 주관한다는 중세적 전통에서 유래한다. ⓒ영국 총리실 제공

　　프랑스의 필리프 4세는 1302년 삼부회로 알려진 신분제 회의를 소집했다. 전국의 성직자, 귀족, 시민의 대표들을 한자리에 불러 모아 프랑스 역사상 최초의 의회를 연 것이다.

　　필리프 4세는 당시 대외적으로 교황 보니파키우스 8세와 대립하면서 위기감을 느끼자 프랑스가 왕권을 중심으로 통합했다는 걸 과시하고자 의회를 소집했다.

　　그의 정치적 실험은 의회가 왕의 정책에 거국적인 지지를 표명함으로써 성공을 거뒀다. 잉글랜드의 왕이 과세를 하고자 의회의 힘에

의존했듯, 프랑스의 통치자도 의회의 지지를 등에 업고 강력한 군주로 자리매김할 수 있었다.

필리프 4세는 신민의 대표 기구인 의회의 지지를 끌어냄으로써 교황과 벌인 권력 다툼에서 승리했다.

통치자의 위용을 대내외적으로 과시하고자 왕국의 대표자들을 소집해 의회라는 기구를 만든 당사자는 통치자 자신이었고, 왕은 의회라는 오케스트라의 지휘자 같았다. 하지만 아름다운 음악은 지휘자와 악단의 호흡이 잘 맞을 때 가능한 법이다. 왕과 의회는 한배를 탄 운명 공동체였다.

의회 정치의 또 다른 선진국인 독일에선 통치자와 신민 대표자가 주종 관계가 아니라 대등한 관계였다. 전통적으로 유난히 지방분권적 성향이 강해 토착 세력이 중앙정부로부터 독립적이었던 독일에선 통수권자인 왕조차 지방 호족들 손에 의해 선출되었다.

특정 가문에서 왕위가 세습되던 시기도 있었지만, 그때도 왕위 계승에 대한 귀족들의 동의 절차가 필요했고 왕권의 정통성은 귀족들의 선출로 보장되었다.

1356년 선제후들이 왕을 선출하는 '금인칙서'가 반포되기도 했다. 왕이 죽으면 왕국을 대표하는 선제후 일곱 명이 모여 다수결로 새로운 통치자를 뽑는 걸 명문화한 것이다.

신임 왕은 자신을 선출해준 데 대한 답례로 귀족들과 일종의 선거

금인칙서. 신성로마제국 황제 카를 4세의 황금 옥새가 부착되어 있어 금인칙서로 불린다.

계약을 해야 했다. 독일어로 '발카피툴라치온'(Wahlkapitulation)이라고 하는데 '카피툴라치온'(Kapitulation)은 항복이라는 뜻이니 왕권은 귀족권, 즉 통치자는 신민의 대표자들과 타협·협상·협력적 태도를 보여야 했다는 걸 알 수 있다. 이처럼 통치자·선제후단은 합의제적 모습을 보여줬다.

하지만 1356년의 '선거법 개정' 과정은 그리 녹록지 않았다. 왕과 선제후들이 1년 이상 협의 과정을 거쳐야 했기 때문이다. 양측이 서로 합의해 선거법을 만들었으므로 왕위 계승 과정에서 분쟁이 발생할 여지가 줄어들었고, 동시에 선제후단은 왕국을 대표하는 대의 기구로서 제 역할을 할 수 있었다.

선거법 개정 직전 급속히 퍼졌던 흑사병이라는 사상 초유의 감염병에 직면하자 왕과 선제후단은 합심해 국가의 통일성과 안정성을 확보해 위기를 타개하고자 했다. 양측은 공공선을 지상 목표로 삼아 인내심을 갖고 정치적 대화와 타협으로 국정을 안정화할 수 있었다.

## 의회와 협력하고 의회에 양보해야 하는 이유

중세 독일에서 가장 강력한 군주로 평가받는 프리드리히 2세는 대귀족들의 요구 조건을 수용하면서 그들의 영지에 동의 없이 과세하지 않겠다고 약속한 바 있다. 이러한 의회주의적 전통은 훗날 '대표 없이 조세 없다'라는 슬로건에서도 잘 드러난다.

18세기 중반 영국이 북미 식민지에 세금을 부과하자 신대륙에 정착한 영국인은 "국민이 자신들의 대표자를 뽑아 의회에 보내지 않으면 세금을 부과당할 수 없다"라며 저항했다. 자신들을 대표할 의회 의원을 선출할 투표권이 없으니 영국 정부에 세금을 낼 수 없다는 주장이었다.

그러나 영국 정부가 그들의 주장을 받아들이기는커녕 군대를 보내 진압하면서 식민지 주민들의 불만은 최고조에 달했다. 결국 미국

루이 16세가 소집한 신분제 의회. 가운데 가장 높은 곳에 루이 16세가 앉아 있고 오른쪽에는 붉은색과 보라색 옷을 입은 성직자 대표단이, 맞은편에는 흰색 양말을 무릎 위까지 올린 귀족 대표들이 앉아 있다. 가운데에는 검은 옷을 입은 제3 신분의 대표자들이 자리했다.

독립전쟁(1775~1783)이 터졌고 영국은 미국이라는 거대한 식민지를 잃었다.

마그나카르타의 협상자들은 과세를 둘러싼 팽팽한 기 싸움을 현명하게 해결했지만, 후대의 영국인은 그러지 못했다. 국민을 대표하는 의회를 거치지 않고 국민 여론을 자신에게 유리한 방향으로 바꾸려던 영국 왕실의 정책은 실패로 끝나고 말았다.

식민지 주민들의 간절한 바람은 자신들의 의견을 대변할 대표, 즉 의회를 구성하는 것이었다. 그들은 당시 영국 왕인 조지 3세에게 희망을 품고 기다렸으나 기대에 부응하지 못하자 통치자에 대한 믿음과 신뢰는 점차 분노로 바뀌었다. 결국 그들은 1774년 '대륙 의회'를 구성하고 영국 왕실에서 독립하며 직접 대안을 찾으려고 했다.

의회와의 관계를 제대로 설정하지 못하는 바람에 정부가 붕괴한 역사적 사례는 적지 않다. 대표적으로 1789년의 프랑스 대혁명을 들 수 있다.

1789년 5월 5일 프랑스 절대왕정을 상징하는 베르사유 궁전에서 루이 16세는 신분제 회의를 소집했다. 절대왕정이 확립되면서 1614년 이후 단 한 번도 개최되지 않다가 무려 175년 만에 의회가 열렸으니 제대로 운영될 리 없었다.

의회가 열리기 전부터 사람들은 인권·자유와 평등·민주주의적 국가 운영 방식 등에 대한 논의를 활발히 진행했기에 그들의 정치의식은 크게 성장하고 있었다. 사람들은 의회를 소집하라고 요구했으나 왕은 전혀 들으려 하지 않았다.

왕이 백성들의 목소리를 직접 경청할 수 있는 '민생 행보'를 펼치기 어려웠던 시대였기에 의회로 우회적으로나마 급격한 변화를 읽어낼 수 있었으면 좋았을 것이다. 하지만 자신의 막강한 공권력에만 의존했던 왕은 신민의 대표 기구인 의회라는 좋은 제도를 활용할 줄 몰랐다.

꽉 막힌 정치 상황에서 스스로 주권자로서 인식하기 시작한 국민은 새로운 국회(국민의회)를 구성하고 혁명을 일으켰다. 루이 16세는

1793년 1월 21일 단두대에서 처형된 프랑스 루이 16세.

몰래 도망치다가 붙잡히는 수모를 당했고, 결국 의회가 내린 사형 결정에 따라 단두대에서 처형되었다.

유럽에선 의회를 뜻하는 '팔러먼트'(parliament)라는 단어가 13세기부터 사용되었는데, 중세 프랑스어의 '파를레'(parler, 말하다)에서 파생되었다. 이처럼 의회는 본래 왕과 신민의 대표자들이 협상을 벌이는 기구였다는 걸 잊지 말자.

영국·프랑스·독일·미국 등 의회민주주의가 발전한 선진국의 역사적 사례가 보여주듯 성공한 통치자는 국민의 대의 기관인 의회의 정치적 중요성을 인식하고 그에 상응하는 권한을 부여했다. 국정 운영의 동반자로 격상된 의회는 공동체의 번영을 이루고자 통치자와 기꺼이 협력했다.

하지만 의회를 무시하거나 존중하지 않은 통치자들은 정치적 역풍을 맞아 목숨을 잃거나 심지어 국가에 손해를 입혔다. 역사는 성공한 통치자가 되려면 의회와 협력해야 할 건 협력하고 양보해야 할 건 양보해야 한다는 걸 말해준다.

# 지금 우리에게
# 유토피아적 상상력이 필요한 이유

1500년경 유럽에선 중앙집권적 근대 국가 수립, 신대륙 발견, 자본주의적 세계관의 등장으로 역사상 큰 변혁이 일어났다. 이 시기는 경제적으로도 팽창했으나 세기 초부터 물가가 상승하기 시작하더니 1520년대부턴 급등 현상을 보였다.

경제사학자들이 '가격혁명의 시대'라고 부를 정도로 가격이 치솟으면서 심각한 사회 문제로 떠올랐다. 새로운 채굴 기술의 개발로 중부 유럽의 은 채취량이 많이 늘어나자 화폐 공급량과 통화량이 증가하면서 화폐 가치가 하락하고 물가가 상승하는 역대급 인플레이션이 촉진되었기 때문이다. 기상 이변에 따른 작황 부진도 물가가 상승한 원인이었다. 복합 위기에 직면한 몹시 불안한 형국이었다.

가격이 가장 가파르게 상승한 품목은 밀, 축산물, 향신료 등 생필품이어서 서민들의 생활은 날로 쪼들렸다. 노동자들의 실질임금이 줄어들면서 생활 여건도 크게 악화했다.

16세기가 시작되고 25년 동안의 가격 폭등으로 특히 저소득 취약 계층의 생활 수준이 떨어지자 부익부 빈익빈이 심화한 빈부 격차가 사회적 문제로 대두되었다. 식량 공급의 불균형과 빈부 격차는 계층 간 건강 격차로도 이어졌다.

## 현실을 고민한, 토머스 모어의 『유토피아』

당대의 참혹한 실상을 누구보다도 잘 인식하고 우려의 목소리를 낸 인물이 바로 토머스 모어였다. 잉글랜드의 법률가이자 정치가였던 그는 심각한 사회적 문제들을 고민하면서 『유토피아』를 집필했다. 그는 책에서 "양이 사람을 잡아먹는다"라며 이른바 '목양 인클로저(enclosure) 사태'를 신랄하게 비판했다.

직물업이 성장해 양모의 수요가 늘면서 가격이 급등하자 농사를

『유토피아』에 묘사된 공동 식사의 모습.

짓기보다 양을 쳐서 양모를 파는 게 지주들에게 훨씬 큰 이득이었다. 그래서 지주들은 목양을 확장하고자 농작물 경작지를 줄이고 대대로 그곳에서 살던 농민을 내쫓아 버렸다. 대신 넓은 땅에 울타리를 쳐 목장을 만들었는데 이러한 현상을 '인클로저'라고 한다.

이를 두고 모어는 『유토피아』에서 많은 사람이 살던 곳에 이제는 양치기 한 사람과 그의 개가 있을 뿐이라고 탄식했다.

사람들이 토지에서 내몰리면서 나라 곳곳에는 걸인, 유랑민, 방랑자가 급증했고 그들은 먹을 것과 일자리를 찾아 대도시 주위로 몰려갔다. 도시에서 비참한 빈민 생활을 하다가 많은 경우 범죄자가 되고 심지어 교수형을 당한 사람도 많았다.

더 큰 이익을 탐한 소수의 사악한 부자들은 사재기도 마다하지 않고 폭리를 취해 사치와 향락을 추구했다. 모어는 『유토피아』에서 떼돈을 벌어 벼락부자가 된 자들이 서민들의 고통에는 아랑곳하지 않고 술과 도박, 안일과 환락에 취하는 세태를 묘사했다.

반면 빈곤 확산, 사회 양극화, 폭력, 질병 등 참혹한 실상에 시달리던 사람들은 이상 국가를 꿈꾸기 시작했다. 생활 터전에서 부당하게 강제로 쫓겨난 사람들이 도둑질을 했다고 사형에 처하는 나라가 정의로울 수 있는가?

반면 이들이 상상했던 유토피아라는 고립된 섬나라에선 모두 행복해질 수 있다. 그곳에는 사유재산과 화폐가 없고, 모든 사람이 공동으로 일하고 함께 나눠 먹음으로써 평등이 실현된다. 모든 국민이 하루 여섯 시간씩 일하면 필요한 재화를 공평하고 풍족하게 얻을 수 있고, 그 외 시간에는 자기계발을 할 수 있다. 사람들은 사치를 모르고 근면 성실하게 살아가며 집에서 가까운 관청에 가 공동으로 식사했다.

『유토피아』의 저자 토머스 모어의 초상화.

하지만 모어는『유토피아』에서 일반 사람들이 이상향으로 동경했던 유토피아를 상세하게 소개하면서도 정작 자신은 견해를 달리했다. 그는 유토피아적 이상이 현실로 이어질 수 있는지에 의문을 제기하면서 세상 어디에도 그런 곳은 존재할 수 없다고 결론을 내린다. 모든 걸 공유하는 곳에선 이익을 얻을 희망이 없어 사람들이 자극받지 못하고 게을러질 수밖에 없기 때문이다.

모어는 '극단적 정의는 오히려 부정의'라고 생각했다. 그래서 그는 사람들이 상상했던 이상 사회를 유토피아(Utopia)라고 이름 지었는데, 고대 그리스어 'u'(없는)와 'topos'(땅, 나라)가 결합한 말이다. 결국 유토피아는 이 세상에 존재하지 않는 곳이라는 뜻이다.

하지만 모어는 "어쨌든 유토피아 공화국에서 실행되는 것 중 많은 것이 세계의 여러 나라에서도 시행되면 좋겠지만 모두를 받아들일 수는 없다"라는 결론에 도달한다. 모어에게 유토피아는 미래의 무릉도원이 아니라 현재의 개선책으로 의미가 있었다.


## 500년 동안 이어지고 있는, 푸거의 공공임대주택

모어가 소개한 유토피아적 이상 사회론은 많은 사람에게 영감을 줬다. 모어의 지인이었던 독일인 야코프 푸거는 당대 유럽 최고의 부자였다. 그는 광산업과 금융업으로 모은 돈으로 고향 아우크스부르크에 세계 최초의 공공임대주택을 건설한 인물로도 유명하다. 모어의 『유토피아』가 출간된 1516년에 '푸거라이'(Fuggerei)라고 불리는 주택 단지 조성 프로젝트도 시작되었다.

1500년경 유럽을 대표하는 지식인과 사업가였던 두 사람은 같은 고민을 하고 있었던 것이다. 모어가 직면한 문제를 풀 방안을 고민

푸거라이의 오늘날 모습으로, 500년 전과 같다. 제2차 세계대전 당시 푸거라이의 70%가 파괴되었으나 이후 옛 모습으로 복원되었다.

하고 여러 사람과 논의했다면 푸거는 번 돈으로 유토피아를 현실에 건설하고자 했다.

모어의 잉글랜드와 푸거의 남부 독일은 당시 유럽에서 가장 선진 화된 지역이었다. 하지만 유례없는 경제 호황에도 부의 편중과 빈곤의 확대로 가난한 임금 노동자와 수공업자들이 소요를 일으킬 만큼 대중의 생활 수준은 비참했다.

공공임대주택 건설 프로젝트는 아우크스부르크 외곽의 토지를 구매하면서 시작되었다. 개울가 기슭에 있는 이곳은 세 개뿐인 출입문으로만 드나들 수 있는 고립된 구조로 되어 있다. 모어의 유토피아 사람들이 높은 성벽과 해자로 둘러싸인 도시에서 사는 모습을 연상시킨다.

푸거는 자신의 유토피아에 가옥 106채를 지어 가난하지만 근면하게 일하는 동료 시민들을 거주하게 했다. 1년 치 주택 임대료는 임금 노동자의 한 달 수입에 해당하는 1굴덴으로 당시 평균 임대료의 1/4에 지나지 않을 만큼 매우 저렴했다. 집을 공짜로 내주진 않겠다는 상징적 의미를 지닌 것이다. 그 임대료는 주로 타운하우스의 수리와 유지에 사용했다.

푸거는 성실한데도 아무런 죄 없이 가난해진 사람들이 자기 일을 계속해 그 가족들이 다시 일어서도록 도와주고자 했다. 따라서 그는 생활 능력이 없는 사람들을 수용하는 단순한 구빈원이 아니라 일종의 마중물 재정 지원으로 가난한 사람들에게 재기할 수 있다는 희망을 주고자 했다.

푸거라이는 지원 대상을 주로 아이들이 있는 젊은 가정으로 정해 지속 가능한 성공을 거둘 수 있었다. 학교, 병원, 교회가 있어 지적 · 종교적 활동도 가능했는데 이 역시 모어의 『유토피아』가 자랑했던 것들이다. 『유토피아』의 집들처럼 푸거라이의 가옥들은 크기와 구조가 균일했는데, 주민들 사이에 위화감을 없애고 공동체성을 키우

야코프 푸거 탄생 500주년을 기념해 제작된 우표.

려는 것이었다. 물론 모든 주택을 똑같이 지음으로써 건축 비용을 절감했던 것도 사실이다.

중요한 점은 세계에서 가장 오래된 사회주택 단지인 이곳이 500년이 지난 지금도 여전히 가난한 자들에게 보금자리를 제공하면서 공공주택 건설의 역사에서 모범 사례로 꼽힌다는 것이다.

푸거가 남긴 유산인 사회주택(Sozialwohnung)은 지금도 이어지고 있다. 독일은 19세기 이래 산업화와 도시화로 노동자의 주거 환경이 열악해지는 사회문제를 해결하려고 더 많은 사회주택을 건설했다.

푸거라이 단지도 140개 주택에 입주민 150명이 거주하면서 명맥을 이어 오고 있다. 입주민들은 임대료로 500년 전 설립 시기와 같은 금액인 연 0.88유로(약 1,300원)를 내며 월 85유로(12만 5천 원) 정도의 관리비만 별도로 내면 된다. 빈집이 나올 때까지 1년에서 3년을 대기할 만큼 푸거라이는 변함없이 유지되고 있으며 세계 각지에서 관광객이 찾는 아우크스부르크의 명소로 남아 있다.

대한민국은 역사상 유례없이 빠르게 성장해 경제 대국이 되었지만 동시에 많은 사회문제에 시달리고 있다. 현실의 문제를 개선하고 더 많은 사람이 공평하고 행복하게 살 수 있는 나라를 만들기 위해서라도 우리는 유토피아를 생각해야 한다. 유토피아적 상상력이 필요한 이유는 시대가 안고 있는 문제를 성찰하고 새로운 해결책을 모색할 가능성 때문이다.

토머스 모어와 야코프 푸거처럼 유토피아적 사유를 하는 사람들은 부조리한 현실을 비판하고 새로운 사회질서를 제시할 수 있었다. 유토피아가 단순히 현실로부터 도피하는 곳이 아니라 바람직한 미래를 꿈꾸게 하는 역할을 하기 때문이다.

지금은 현재와 미래의 대화를 가능하게 하고 미래의 관점에서 현재의 문제를 조정하고 재조정하는 유토피아적 사고가 필요한 때다. 유토피아가 헛된 꿈으로 남을지, 현실을 개선하는 추동력으로 작용할지는 우리의 몫이다.

# 각자도생의 위기를 공동선의 기회로

20세기 독일을 대표하는 역사학자이자 역사사상가 라인하르트 코젤렉은 근대의 비판 정신이 위기를 만들었다고 했다. 그는 18세기부터 계몽주의 역사철학자들이 이상주의에 함몰되어 정치를 비판하면서 유럽의 정치적 위기를 가져왔다고 본 것이다.

미래의 유토피아를 현재로 앞당기려는 계몽주의자들과 그 정신의 계승자들이 가졌던 조급증으로 근대와 현대로 올수록 시간이 한층 더 빨리 흐른다는, 이른바 '시간의 가속화 현상'이 주장되기도 했다.

그렇게 가속화된 진보와 성장이 서구적 근대성의 특징이 되었다는 것이다. 코젤렉은 자신의 연구 성과를 '서구 근대 시민사회의 발병 기원 연구(Eine Studie zur Pathogenese der bürgerlichen Welt)'라고 명명하면서, 근대 사회가 지속해서 위기에 시달리는 근본적인 병인(病因)으로 미래를 향한 인간의 끊임없는 변화 욕망을 들었다. 코젤렉의 주장에 대해 여전히 다양한 평가와 논의가 진행되고 있지만, 위기의 병인에 대한 그의 주장은 설득력을 지닌다.

오늘날 우리가 경험하는 위기 현상은 인간이 스스로 판 함정과 같은 것이다. 현재에 안주하지 못하는 근대인들은 성장·번영·진보를 주문(呪文)처럼 되뇌었다. 그렇게 세뇌를 당한 대중은 역사의 목적을 진보와 발전에 두고 근대화에 매진했다.

하지만 정작 우리에게 다가온 건 '위기의 근대' '근대의 위기'였다. 근대 산업 사회는 물질적 풍요를 약속했지만 계층·사회·국가 간 불평등을 심화시켰고 환경 위기 시계를 더 빨리 돌아가게 했다.

이제 근대화의 한계와 문제점을 명확하게 인식할 필요가 있다. 특히 서구의 근대화 프로젝트는 부국강병을 목표로 식민주의와 노예 무역에 토대를 두고 있다. 근대 서구의 식민주의적 팽창은 세계 영토의 자의적 분할과 재조직을 통치 수단으로 삼았다.

그렇게 서구 제국주의는 세계의 지리적 구획화를 가속했고, 선형적 경계 짓기를 한반도 등의 식민지 변방까지 확대하면서 세계의 영토를 갈기갈기 조각내버렸다.

위기 관리에 이상적인 해결책은 없을 것이다. 하지만 위기의 순간에 역사적 경험에서 교훈을 얻을 수는 있다. 다른 사람들은 위기 상황에서 어떻게 대처했는지, 어떻게 심각한 위험을 피했는지 배우는 게 중요하다.

개인과 공동체 간의 협력은 모두에게 이롭다는 사실을 기억하자. 20세기가 독백과 경쟁의 시대였다면 21세기는 대화와 협력의 시대다. 코로나-19라는 위기가 안겨준 가장 큰 교훈은 '인류는 서로를 필요로 하다는 깨달음'이었다.

자연을 인간이 '개발'이라는 명목으로 파괴하면서 기후변화, 생태교란과 더불어 새로운 감염병이 등장했다. 코로나-19를 비롯한 대다수 신종 감염병은 야생동물에서 유래하는 인수공통전염병이다. 인간과 환경의 경계가 없어지면서 생겨난 '환경 전염병'이다.

국경은 군사적 방어벽이기에 앞서 다자간 환경 안보에 초점을 맞춰야 하는 공간이다. 국경을 맞댄 접경 지역에서 환경 분야의 초국경적 협력을 공식화할 필요가 있다.

이제 이항 대립의 구도 속에서 상호 모순적인 생각과 의견을 동시에 포용하고 이종 배합의 탈경계적 화해와 창조적 공존의 새로운 세계를 여는 데 앞장서야 할 때다. 국경을 넘나들며 확산되었던 팬데믹 앞에서 자국의 이득만 고려한 국경 폐쇄와 보호주의는 바이러스 확산을 막지 못했다.

초국경적 감염병과 후쿠시마 원전 사고는 이웃 나라와의 공조와 연대를 통한 위기 대응 협력 시스템 구축이 절실하다는 걸 피력했다. 각국이 자신의 국가 이익에 따라 움직이는 각자도생의 형국을 화합으로 치유하고 극복해야 할 것이다.

동양의 한자어 '위기(危機)'는 위험(危險)과 기회(機會)가 합쳐진 말이다. 따라서 위기는 어떤 상태의 안정에 부정적 혹은 긍정적 영향을 줄 수 있는 중대한 고비를 의미한다.

서양에서도 영어의 위기(crisis)는 고대 그리스어 'κρίσις(krisis)'에 어원을 두고 있다. '나누다' '선택하다' '판단하다' '결정하다' 등의 뜻을 가진 'κρίνω(krino)'라는 동사에서 유래한 명사다.

고대 그리스의 의학자 히포크라테스는 병세가 회복되거나 악화하는 상태로 넘어가는 결정적인 전환점을 위기라고 불렀다. 요컨대 위기는 어떤 일의 진행 과정에서 더 나빠지거나 더 좋아지는 생사의 분수령이나 임계점 같은 결정의 순간을 의미한다.

위기 상황은 호전될 수도 있지만, 상황이 좋아지기 전에 악화하는 위험에 처하기도 한다. 양면적 속성을 지닌 위기는 역사 속에 상존해 왔다.

문제는 시간이 갈수록 위기의 빈도가 점차 높아지고 정도가 심해진다는 사실이다. 현대 사회를 특징짓는 변화의 가속화는 지구의 자

전과 공전 속도가 시간이 지날수록 빨라지는 듯한 착각이 들 정도로 우려된다.

진보의 가속화는 질풍 같은 속도로 미래를 앞당겨 결국 더욱 심각한 위기 상황을 초래하리라. 18세기 계몽주의 역사철학자들의 예언, 즉 '미래는 과거와 다를 것이며 더 나을 것이다'라는 진보 개념이 가져올 환멸과 위기가 우려된다.

지금처럼 발전과 진보라는 핑계로 사회와 환경이 급변한다면, 무서운 속도로 끊임없이 '빨리빨리' 성장한다면 과연 어떤 결과로 치달을지 성찰해야 한다.

지구를 미래 세대에게 안전하게 물려주려는 지속가능성을 위해선 개인도 중요하지만 공동선을 우선해야 할 것이다. 서로 지원해주고 더불어 사는 공동체 의식이 절실하다.

근대화가 진행되면서 만든 관습적 인식과 기준을 바꿀 필요가 있다. 개천이 모여 큰 바다를 이루듯 작고 소소한 행동들이 일상을 행복하게 만든다. 위기 극복은 단순한 염원이 아니라 실천의 문제다.

# 역병, 전쟁, 위기의 세계사

초판 1쇄 발행 2024년 11월 19일

지은이 | 차용구
펴낸곳 | 믹스커피
펴낸이 | 오운영
경영총괄 | 박종명
편집 | 김형욱 최윤정 이광민
디자인 | 윤지예 이영재
마케팅 | 문준영 이지은 박미애
디지털콘텐츠 | 안태정
등록번호 | 제2018-000146호(2018년 1월 23일)
주소 | 04091 서울시 마포구 토정로 222 한국출판콘텐츠센터 319호(신수동)
전화 | (02)719-7735    팩스 | (02)719-7736
이메일 | onobooks2018@naver.com    블로그 | blog.naver.com/onobooks2018

값 | 20,000원
ISBN  979-11-7043-588-4  03900